INVESTIR ET SE DÉVELOPPER DANS LE MÉTAVERS

Kathleen Jobin
Philippe Nadeau

INVESTIR ET SE DÉVELOPPER DANS LE MÉTAVERS

NFT, CRYPTOMONNAIES, PLAYTOEARN : COMMENT TIRER PROFIT DU WEB 3.0

MAXIMA

Crédits iconographiques
Illustration de couverture © Monster Ztudio / Shutterstock
Pages 26-27 © Newzoo, *Metaverse Ecosystem Diagram 2022*
Pages 169-174 © The Sandbox

Retrouvez sur www.investir.cc toute l'actualité des auteurs et de leurs parutions.

Éditorial : Guillaume Clapeau et Lucile Lesage
Fabrication : Damien Naranin
Mise en pages : Kepler
Couverture : Nicolas Wiel et Florie Bauduin

11, rue Paul Bert, 92240 Malakoff
www.dunod.com

ISBN : 978-2-81-881148-1

Sommaire

Avant-propos

Bien avant Facebook, Neal Stephenson a inventé le terme « métavers » dans son roman *Snow Crash*, écrit en 1992, où il fait référence à un monde virtuel 3D habité par des avatars. Au moment même où ce métavers imaginé prend corps, Neal Stephenson revient sur le devant de la scène avec son projet de métavers décentralisé (nous en reparlerons au chapitre 2). Les métavers, tels que nous les définissons aujourd'hui, sont des univers numériques immersifs qui intègrent de nombreux processus et éléments tels que les communications, la finance décentralisée, les jeux vidéo (P2E), les profils personnels, les NFT, etc. Le potentiel du métavers est attribué à la liberté qu'il offre : toute personne évoluant dans ce cryptocosme peut créer, acheter et afficher des NFT pour collecter des biens virtuels (comme des terrains et des objets de luxe), rejoindre des communautés, se créer des identités virtuelles alternatives, jouer, investir et bien plus encore. Ces nombreuses possibilités permettent de multiples opportunités de monétisation d'actifs réels et numériques qui permettront aux entreprises et aux utilisateurs de faire des profits et de générer des revenus non négligeables. Notre livre a pour ambition de faire découvrir ces univers virtuels et de donner rapidement et concrètement aux lecteurs les moyens de se lancer dans la création de contenu à monétiser, en évitant les écueils.

Les auteurs

Le métavers est un concept qui a émergé ces dernières années, mais il est difficile de comprendre exactement de quoi il s'agit. Les entreprises technologiques présentent des idées spéculatives sur la façon dont nous nous engagerons et interagirons avec la technologie, mais il n'y a pas de définition claire de ce qu'est un métavers. Il n'est pas référencé à une technologie particulière, mais plutôt à un ensemble d'idées qui ont pour but de créer des communautés en ligne. Les entreprises telles que Meta (anciennement Facebook) ont investi beaucoup d'argent dans la commercialisation de cet espace virtuel qui devrait fonctionner en parallèle avec notre monde réel. Cependant, les notions de propriété et de rareté numérique sont souvent évoquées, ce qui peut susciter des doutes sur la réalité de ces projets. Reste à savoir ce qui fait qu'un espace virtuel est considéré comme un métavers et non pas simplement comme un jeu vidéo ou un espace en ligne classique.

Pour les entreprises technologiques, le métavers est un monde virtuel fonctionnant en permanence et parallèlement à notre monde réel, un espace en ligne qui continue d'exister que quelqu'un y soit connecté ou non. L'idée est que cet espace virtuel devienne un lieu de rassemblement où les gens pourront s'engager et interagir avec d'autres personnes, même s'ils ne se connaissent pas. Cependant, il est important de souligner que cette vision est encore en cours de développement et qu'il est difficile de savoir ce qui adviendra réellement. Nous avons tenté dans cet ouvrage d'apporter des éclaircissements et des réponses concrètes.

Notre expertise dans les jeux vidéo, les NFT et les cryptomonnaies combinée à nos activités professionnelles et notre participation active à de nombreux événements liés au métavers, comme des sommets, des conférences et des salons, nous ont permis de rencontrer les acteurs clés de cette industrie et de comprendre les tendances émergentes. De plus, notre implication dans le lancement d'un pôle spécialisé en métavers dans l'incubateur de start-up de DigiHub nous permet d'être en première ligne des dernières tendances et développements de cette industrie en constante évolution.

C'est pour toutes ces raisons que nous avons décidé d'écrire ce livre et de partager avec vous notre expertise et notre vision sur les opportunités d'investissement et de développement de cet univers passionnant. Nous voulons vous aider à comprendre ses enjeux et à saisir les opportunités qui s'y présentent. Nous croyons fermement que le métavers est un domaine qui promet un avenir radieux et que les personnes qui s'y intéressent auront de grandes chances de tirer profit de ces opportunités, et ce dès aujourd'hui.

Chapitre 1

Genèse et histoire du métavers

« Le métavers sera une hallucination consensuelle vécue par des milliards de personnes connectées par Internet. »

Neal Stephenson[1]

Qu'est-ce que le métavers ?

Évoquer le métavers aujourd'hui, c'est un peu comme parler d'Internet dans les années 1980 : rien n'augurait à l'époque que ce sentier étroit et sinueux abordé aux commandes d'un Minitel deviendrait cette fameuse autoroute de l'information. Ce que nous pouvons entrevoir du métavers aujourd'hui, ce sont les quelques briques qui s'ajustent et qui constitueront demain les fondations de ce macrocosme virtuel que nous appelons cryptocosme. Pour résumer, le métavers sera une version 3D d'Internet et de l'informatique au sens large.

Lorsque l'informatique et l'Internet sont apparus, toutes les interactions avec une machine et d'autres utilisateurs étaient principalement basées sur du texte (courriels, messageries, noms d'utilisateur, adresses électroniques). Ensuite, elles sont lentement devenues plus médiatiques (photos, vidéo, *livestream*) et plus sociales (réseaux sociaux). La prochaine étape sera-t-elle la 3D ?

1. Les traductions, sauf mention contraire, sont des auteurs.

Si la définition du métavers n'est pas encore universelle, nous pouvons dire qu'il s'agit, dans les grandes lignes, d'un espace virtuel partagé, interactif, immersif, hyperréaliste et en temps réel qui comprendra un ou plusieurs avatars personnalisés – votre double ou jumeau numérique en quelque sorte –, ainsi que vos actifs numériques (immobilier et mobilier) sous forme de NFT, le tout enregistré sur une blockchain et avec une ou plusieurs cryptomonnaies disponibles pour effectuer des transactions ou percevoir des salaires. Vos personnages pourront ainsi vagabonder dans l'espace et dans le temps, acheter des terrains, travailler, organiser des événements, même se marier. On pense que c'est un marché qui atteindra 800 milliards de dollars d'ici 2024 et on estime que d'ici à 2026, une grande partie de la population mondiale sera, d'une manière ou d'une autre, présente dans le métavers[2]. On comprend alors pourquoi les géants de la technologie s'y intéressent.

Le métavers fera croître l'économie numérique qui est devenue le principal moteur de croissance de l'économie mondiale. L'exemple le plus proche que nous pourrions donner de ce qu'est un métavers est peut-être bien *Second Life*, un jeu de simulation qui a déjà vingt ans et qui permet aux utilisateurs de faire l'expérience d'une réalité virtuelle dans laquelle leur avatar peut faire des achats, manger, travailler, échanger… En somme, tout ce qu'une personne peut faire dans la vraie vie. *Second Life* a ouvert la voie, à sa façon, à d'autres plateformes et jeux comme Decentraland, *Axie Infinity*, *Horizon*, *The Sandbox*, *Fortnite* ou encore *Roblox*. Il n'y a pas nécessairement besoin de s'équiper d'un casque de réalité virtuelle pour faire l'expérience du métavers.

Un autre point important est le besoin d'interopérabilité qui permettra de transférer des objets virtuels, tels que des vêtements ou des voitures, d'une plateforme à l'autre. Selon de nombreux experts, comme Sébastien Borget, cofondateur de *The Sandbox* avec qui nous avons échangé sur ce sujet, il s'agit d'une condition essentielle au bon fonctionnement du métavers. Un autre élément crucial à ne pas négliger concerne les défis juridiques et commerciaux qu'il reste à relever ou encore l'épineuse question de savoir

---

2. Communiqués de presse : Bloomberg, « Metaverse Market Size Worth $678.8 Billion by 2030: Grand View Research, Inc. », 9 mars 2022 et Gartner, « Gartner Predicts 25% of People Will Spend at Least One Hour per Day in the Metaverse by 2026 », 7 février 2022.

comment réglementer le métavers. Dans l'état actuel de l'inconnu qu'est le métavers, tout le monde a-t-il vraiment envie de s'y rendre ?

Pour Mark Zuckerberg, si le métavers représente le futur d'Internet, il est avant tout celui de nos relations sociales à très grande échelle. Il y croit tellement fort qu'il a rebaptisé Facebook du nom de Meta et comptait investir 50 milliards de dollars dans ce nouveau modèle et envisageait même de recruter 10000 ingénieurs rien qu'en Europe avec à la clé des espaces virtuels au sein desquels nous pourrions nouer des relations avec d'autres, comme dans la vie réelle. Mais, à la mi-novembre 2022, Zuckerberg annonçait le licenciement de 13 % de ses effectifs, soit un total d'environ 11 000 employés au chômage. Cette décision intervient alors que l'entreprise venait de dépenser la somme extraordinaire de 15 milliards de dollars pour son projet de métavers[3]. Mais Zuckerberg y croit encore, même si la voie est pavée d'embûches.

Meta-Facebook n'est pas la seul à vouloir investir ce nouveau Graal. Epic Games, le créateur de *Fortnite*, fier de ses 350 millions d'utilisateurs, a déjà commencé à opérer sa mutation dans le métavers. De même, l'entreprise Microsoft tient à rappeler qu'elle planche sur Mesh, une extension de Teams, une application professionnelle davantage immersive et proche d'un métavers. Apple et Sony ne sont pas en reste, Apple ayant un casque RA/RV en préparation et Sony souhaitant exploiter toutes ses divisions multimédias pour créer une expérience interactive dans le métavers.

Sans nul doute, les jeux vidéo en ligne dits « massivement multijoueurs », tel *World of Warcraft* ou encore ce que l'on appelle les « mondes persistants » comme *Eve Online*, ont pavé le terrain des métavers. On pourrait en dire autant des jeux de relations sociales comme *Les Sims*, qui a d'ailleurs eu droit à une version en ligne.

Une brève histoire du métavers

Loin de nous l'idée de remonter jusqu'à l'Antiquité pour décrire les divers philosophes et penseurs qui, outre quelques pilums, ont jeté les bases des mécanismes de la vision, comme les théories de Platon et d'Aristote traitant

3. Jack Kelly, « To Build the Metaverse, Facebook Plans to Hire 10,000 Tech Workers in Europe and Bypass American Talent », *Forbes*, 18 octobre 2021.

du déplacement de la lumière (solaire ou oculaire). Nous allons même sauter la renaissance et la théorie ondulatoire de la lumière de Leonard de Vinci pour arriver directement en 1838, lorsque Sir Charles Wheatstone, physicien et inventeur anglais né le 6 février 1802 à Barnwood et mort à Paris le 19 octobre 1875, imagine un appareil permettant de voir en 3D à partir de deux images qu'il nomme stéréoscope. Voici ce qu'il écrit dans son ouvrage intitulé *On some remarkable, and hitherto unobserved, phenomena of binocular vision* :

> *Étant ainsi établi que l'esprit perçoit un objet à trois dimensions au moyen des deux images dissemblables qu'il projette sur les deux rétines, la question suivante se pose : Quel serait l'effet visuel de présenter simultanément à chaque œil, au lieu de l'objet lui-même, sa projection sur une surface plane telle qu'elle apparaît à cet œil ? […]*
>
> *Les deux images (ou plutôt leurs images réfléchies) sont placées dans [l'instrument] au véritable concours des axes optiques, l'adaptation focale de l'œil conserve son réglage habituel, l'apparition d'images latérales est entièrement évitée, et un grand champ de vision pour chaque œil est obtenu. Les fréquentes références que j'aurai à faire à cet instrument rendront utile de lui donner un nom spécifique. Je propose donc de l'appeler Stéréoscope, pour indiquer sa propriété de représenter des figures solides*[4].

Au départ, Wheatstone a expérimenté des images stéréoscopiques dessinées à la main. Certaines ont été produites pour lui en 1840 par William Henry Fox Talbot, d'autres par Henry Collen, qui a réalisé un portrait stéréoscopique de Charles Babbage, l'un des principaux précurseurs de l'informatique. Dans les années 1840, d'autres photographes renommés ont réalisé des images, principalement des daguerréotypes à voir dans un stéréoscope de Wheatstone, parmi lesquels Antoine Claudet, élève de Louis Daguerre, et bien d'autres.

Malgré ses prouesses, l'appareil de Wheatstone, encombrant et difficile à utiliser, n'est pas devenu populaire ; c'était, en quelque sorte, le Betamax de son époque. Il faut attendre l'invention d'un autre scientifique

4. Charles Wheatstone, « Contributions to the physiology of vision. Part the first: On some remarkable, and hitherto unobserved, phenomena of binocular vision », *The Philosophical Transactions of the Royal Society*, vol. 128, 31 décembre 1838.

britannique, Sir David Brewster, pour voir apparaître un autre appareil, portable donc plus pratique, qui utilisait une seule carte avec deux images superposées. C'est ainsi que le stéréoscope a commencé à conquérir le monde victorien. Le principe du stéréoscope est le même que celui utilisé aujourd'hui dans les casques de réalité virtuelle.

En 1935, l'écrivain américain de science-fiction Stanley G. Weinbaum publie le livre *Pygmalion's Spectacles*[5] dans lequel Dan Burke, le personnage principal, rencontre Albert Ludwig, un professeur elfique qui a inventé une paire de lunettes permettant de voir, entendre, goûter, sentir et toucher tout ce qui se passe dans un film. Le porteur de ces lunettes peut donc discuter avec les personnages et l'histoire parle du porteur de lunettes qui devient acteur de celle-ci.

Morton Heilig a créé en 1956 la première machine de réalité virtuelle (RV), la Sensorama. Cette machine simulait l'expérience de la conduite d'une moto à Brooklyn en combinant la vidéo 3D avec l'audio, des odeurs et une chaise vibrante. Heilig a également breveté le premier dispositif d'affichage monté sur la tête en 1960 qui combinait des images 3D stéréoscopiques et du son stéréo.

En 1968, Ivan Sutherland et son élève Bob Sproull créent le premier dispositif d'affichage monté sur tête de RV/RA (appelé Sword of Damocles) qui était connecté à un ordinateur et non à une caméra. Il s'agissait d'un grand appareil plutôt effrayant, trop lourd pour être porté confortablement par un utilisateur et suspendu au plafond (d'où son nom). L'utilisateur devait également être attaché à l'appareil. Les images générées par ordinateur étaient des pièces et des objets filaires très primitifs.

En 1969, Myron Krueger, un artiste informatique spécialisé dans la réalité virtuelle, a mis au point une série d'expériences qualifiée de « réalité artificielle » dans laquelle il a créé des environnements générés par ordinateur qui réagissaient aux personnes qui s'y trouvaient. Les projets nommés Glowflow, Metaplay et Psychic Space étaient des progressions dans sa recherche qui ont finalement conduit au développement de la technologie Videoplace. Cette technologie permet aux gens de communiquer entre eux dans un environnement généré par ordinateur, malgré la distance.

5. Publié en français sous le titre « Les lunettes de Pygmalion » dans le recueil de nouvelles de science-fiction *Les Meilleurs Récits de Wonder Stories*, trad. France-Marie Watkins, éditions J'ai Lu, 1976.

Dans les années 1970, le MIT a créé l'Aspen Movie Map qui permettait aux utilisateurs de faire une visite guidée générée par ordinateur de la ville d'Aspen, dans le Colorado. C'était la première fois que l'on pouvait utiliser la réalité virtuelle (RV) pour immerger les utilisateurs dans un autre lieu.

La prochaine grande évolution est venue du projet de la Nasa visant à créer un système abordable de formation des pilotes pour les missions spatiales habitées. En 1981, ils ont commencé à travailler sur la station de travail View (*virtual interface environment workstation*) – le premier système qui combinait l'infographie et l'imagerie vidéo, le son 3D, la reconnaissance et la synthèse vocales et un HMD. À partir du milieu des années 1980, ils ont travaillé au développement de systèmes permettant l'interaction humain-ordinateur. Le projet View a guidé le développement de nombreuses technologies clés de la RV, notamment les écrans couplés à la tête, les gants de données et la technologie audio 3D.

Le mot « métavers » est inventé en 1992 par Neal Stephenson dans son roman cyberpunk *Snow Crash*, comme nous l'avons vu en avant-propos. Ce livre parle d'un riche entrepreneur ambitieux qui souhaite contrôler l'esprit des utilisateurs de son monde virtuel via une drogue ; bien sûr, ses plans machiavéliques seront contrecarrés.

Au début des années 1990, l'ascension de Sega, largement stimulée par le succès de sa console Mega Drive (Saga Genesis en Amérique du Nord), l'incite à investir massivement dans la création de nouveaux matériels. L'un des nombreux projets de R&D était le Sega VR, un casque de réalité virtuelle annoncé en 1991. Il était doté d'écrans LCD internes, d'un casque stéréo et de capteurs capables de détecter l'inertie, ce qui permettait au dispositif de suivre les mouvements de la tête. Puis en 1994, cette même technologie est utilisée pour l'attraction d'arcade Sega VR-1 ; elle permettait de suivre, avec une certaine précision, les mouvements de la tête et présentait des graphiques polygonaux en 3D stéréoscopique. Il s'agissait d'une grande attraction en réseau conçue pour plusieurs joueurs, comme *Galaxian 3* (en 1990).

Le 27 septembre 1998, la chaîne américaine de sports ESPN introduit une nouvelle fonctionnalité innovante lors de la retransmission d'un match de football entre l'équipe des Ravens de Baltimore et des Bengals de Cincinnati. Lors de ce match, l'expérience du téléspectateur était améliorée par une « ligne jaune » virtuelle de premier essai. La ligne n'était pas physiquement présente sur le terrain et n'était vue que par les téléspectateurs, ce qui leur donnait un guide direct et intuitif de l'état du jeu sans pour autant les en distraire. Derrière cette expérience de réalité augmentée télévisée se trouve une petite start-up nommée Sportvision, créée par Bill Squadron et Stan Honey, qui avec son système connaît un grand succès auprès des téléspectateurs.

Puis en 2009, Palmer Luckey, un ingénieur autodidacte, bricole un prototype de casque de réalité virtuelle dans le sous-sol de ses parents, qu'il appellera « Oculus Rift ». En 2012, John Carmack, le créateur des franchises de jeux vidéo *Doom* et *Quake*, remarque le projet et les deux hommes entament un dialogue lors de la conférence E3 sur les jeux vidéo. C'est alors que les choses s'accélèrent : Palmer tente de réunir 250 000 dollars sur Kickstarter et obtient 2,5 millions de dollars. Un an plus tard, Oculus, dont le siège est à Irvine, en Californie, reçoit 91 millions de dollars en capital-risque. Les développeurs commencent à produire des jeux pour le Rift, qui sera commercialisé en 2016 pour environ 300 dollars l'unité. Finalement, Palmer Luckey vend sa start-up à Facebook pour 3 milliards de dollars en 2014. Lors d'une entrevue, il dira : « Nous allons arriver à un point où la réalité virtuelle sera indiscernable de la réalité elle-même. Et bien plus tôt que cela, nous aurons un aspect visuel indiscernable de la réalité. Il faudra plus de temps pour que tous les autres sens fonctionnent, mais la voie est toute tracée[6]. »

Passons à Ernest Cline qui publie le livre *Ready Player One* en 2011, roman qui nous entraîne en 2045 et nous présente Wade, un jeune homme de 18 ans qui passe le plus clair de son temps dans un monde virtuel, véritable testament du légendaire milliardaire James Halliday, qui y propose une chasse à l'œuf de Pâques caché avec à la clé l'héritage de tous ses biens. Parzival, l'avatar de Wade, est confronté à d'autres joueurs lors de cette chasse, en particulier des tueurs à gages travaillant pour un conglomérat maléfique. Le livre et son monde immersif sont devenus un véritable succès, tant et si bien que Steven Spielberg en réalise une adaptation en 2018.

6. Adam Popescu, « Palmer Luckey – If you can make virtual reality affordable for consumers, things fall into place », *MIT Technology Review*, 19 août 2014.

En 2014, Sony et Samsung annoncent leurs intentions de créer leurs propres casques de RV. Google, qui n'est pas en reste, sort son premier dispositif Cardboard, visionneuse RV en carton à bas prix pour les smartphones, puis ses lunettes de réalité augmentée (RA) Google Glass, qui seront abandonnées quelques mois plus tard.

Les casques HoloLens de Microsoft font leur apparition sur le marché en 2016, ce qui nous a permis d'accéder pour la première fois à la réalité mixte (RA et RV). Avec les HoloLens, nous pouvons créer une image holographique, puis la placer dans le monde réel et la manipuler à l'aide de la réalité augmentée. Toujours en 2016, des groupes d'individus couraient dans leur quartier pour tenter d'attraper des Pokémon à l'aide du jeu de réalité augmentée *Pokémon GO*.

De même, le géant suédois de l'ameublement Ikea propose en 2017 une application innovante, « Place », qui permet de sélectionner un meuble dans un catalogue et de visualiser à quoi il ressemblerait dans la maison ou le bureau de l'utilisateur. Apple a de son côté ajouté, en 2020, le Lidar (*light detection and ranging*) aux iPhone et iPad, créant un meilleur balayage de la profondeur pour de meilleures photos, ouvrant également la voie aux casques de réalité mixte à l'avenir. Facebook a quant à elle changé son nom en Meta en 2021, ce qui indique qu'elle se concentre sur le développement du métavers. Deux entreprises ont également lancé des lunettes intelligentes (Ray-Ban Stories) ou des casques de réalité virtuelle hautement portables qui ressemblent à des lunettes de soleil (Vive Flow de HTC).

Nous pensons que nous continuerons à voir d'énormes progrès dans les expériences immersives en 2023. Par exemple, Apple travaille actuellement sur des casques qui pourraient potentiellement remplacer nos smartphones comme interface dans le métavers du futur.

Chapitre 2

Le métavers : concepts généraux

« Le métavers n'est pas un rêve lointain du futur, c'est ici et maintenant. »

Takahiro Hara

Le métavers est un réseau persistant, multi-utilisateur et massivement extensible de mondes virtuels, parfois interconnectés, qui est axé sur l'interaction des utilisateurs en temps réel. Ils peuvent ainsi jouer, travailler, se rencontrer, faire des achats et même créer du contenu ou développer des services. Le métavers peut être accessible via des technologies avancées (réalité augmentée, réalité virtuelle, capteurs haptiques, etc.) qui permettent aux utilisateurs d'être immergés dans l'univers virtuel persistant de leur choix et d'y interagir en tout temps, mais ce n'est pas une obligation.

Dans le meilleur des cas, le métavers idéal consisterait en une plateforme unique où vous pourriez évoluer sous votre propre identité ou celle d'un avatar quelconque, qui serait choisi en fonction de vos besoins du moment ou de votre fantaisie, pour ne pas dire de vos fantasmes. Selon vos aspirations, vous pourriez ainsi passer d'un univers à un autre, troquant une épée médiévale contre un pistolet cyberpunk, par exemple ; mais cette simplicité apparente dans les passages d'univers reste conditionnée à des facteurs importants, comme la définition de l'identité numérique, la propriété numérique, les monnaies numériques et la transférabilité universelle ou l'interopérabilité des actifs numériques – entendons que la combinaison de tous ces facteurs permettrait de réunir toutes les conditions nécessaires pour favoriser une économie pleinement fonctionnelle dans un monde virtuel.

Avant de pleinement se concrétiser et de possiblement devenir le prochain eldorado de l'interaction humaine, le concept du métavers a été pensé de multiples façons, à chaque fois – ou presque – par des auteurs de science-fiction. Une grande partie des idées qu'ils ont abordées dans leurs romans dépeignent des futurs dystopiques, un futur sombre ou nos cerveaux seraient contrôlés par des machines, des intelligences artificielles ou certaines drogues, qui, tout en facilitant et contrôlant l'immersion, nous soumettraient à des corporations tentaculaires et tyranniques. Pour eux, le métavers est quelque chose de beaucoup plus vaste qu'une simple immersion par le biais d'un casque de réalité virtuelle. Bien souvent, cette nouvelle existence immatérielle prend le pas sur l'existence réelle du protagoniste. Puis, le métavers s'est transformé, s'éloignant du domaine de la fiction pour devenir une innovation imminente. Nous voici dans les coulisses ou plutôt le laboratoire de cette fiction qui devient réalité, l'endroit où se construisent les concepts, où l'on façonne l'intangible pour produire les règles et schémas qui en traceront les contours et en dessineront les lignes, qu'elles soient pixelisées ou non. Les utilisateurs pourront tout de même transcender les limites fixées par les développeurs, repousser les frontières et bâtir des espaces à la mesure de leur imagination et de leurs moyens, toute personne possédant un avatar pourra y avoir une ou plusieurs existences, être partie prenante de son univers, y trouver une place et participer à son économie. Dans le métavers, nous ne sommes plus des spectateurs, nous ne sommes plus limités à des quêtes et scénarios qui contraignent l'action. Certains diront que le métavers est un réseau social basé sur le jeu, tandis que d'autres le caractériseront comme un espace infini. Pensez à *Minecraft*, mais avec beaucoup plus à faire que d'élever des moutons et d'extraire des pierres pendant la journée.

Lucas Rizotto, qui se définit lui-même comme un scientifique fou, créatif et futuriste, défini le métavers comme « une illusion de masse » ; reste à savoir qui sera le grand illusionniste, celui qui fascinera les foules pour les attirer et les maintenir dans son espace. Au-delà des définitions et des visions, la question qui reste en suspens est comment le métavers sera-t-il développé et lancé ? Plusieurs réponses possibles, comme Neal Stephenson l'imagine dans son roman de 1992, « Le samouraï virtuel » (*Snow Crash*) : il décrit ainsi le métavers comme un monde virtuel créé par une seule société qui contrôle entièrement tout ce qui s'y passe, tandis que les personnes qui y participent doivent accomplir certaines tâches pour obtenir certains crédits. D'autres ont suggéré un monde virtuel créé par de multiples organisations donnant aux gens la possibilité de faire évoluer le monde dans lequel ils se connectent et de participer à son expansion, pour le meilleur et pour le pire.

Il faut bien parler du pire, malheureusement : certains imaginent déjà s'immiscer dans la part d'ombres projetée par le métavers, le *darkverse*, pendant du darknet, un endroit parfait pour les réunions anonymes de hackers, de criminels et desperados du clavier. Imaginez cet espace sombre, interlope, caché dans les soubassements du métavers, organisé et géré via des jetons d'authentification permettant un accès exclusif à certains espaces et des communications intraçables et décentralisées. Même si les autorités prenaient connaissance de ces espaces, elles ne pourraient pas s'y infiltrer sans grandes difficultés. Nous pouvons déjà anticiper les principales menaces : trafic de NFT, blanchiment de cryptomonnaies, déploiement d'organisations terroristes, vol et usurpation d'identités… D'ailleurs, fin octobre 2022, lors d'une session surprise de la 90e Assemblée générale d'Interpol à New Delhi, l'organisation mondiale de police a dévoilé le tout premier métavers spécialement conçu pour les services chargés de l'application de la loi.

Entièrement opérationnel, le métavers d'Interpol permet aux utilisateurs inscrits de visiter une version virtuelle du siège du Secrétariat général d'Interpol à Lyon sans aucune limite géographique ou physique, d'interagir avec d'autres policiers par l'intermédiaire de leurs avatars et même de suivre des formations immersives sur les enquêtes de police scientifique et d'autres fonctions de police : « Pour beaucoup, le métavers semble annoncer un avenir abstrait, mais les questions qu'il soulève sont celles qui ont toujours motivé Interpol – aider nos pays membres à lutter contre la criminalité et rendre le monde, virtuel ou non, plus sûr pour ceux qui l'habitent[7] », a déclaré le Secrétaire général d'Interpol, Jürgen Stock. « Nous entrons peut-être dans un nouveau monde, mais notre engagement reste le même », a-t-il ajouté.

Lors d'une table ronde organisée à la suite de cette conférence, INTERPOL a également annoncé la création d'un groupe d'experts sur le métavers, chargé de représenter les préoccupations des services chargés de

7. Interpol, « INTERPOL launches first global police Metaverse », 20 octobre 2022.

l'application de la loi sur la scène mondiale, afin que ce nouveau monde virtuel soit sécurisé dès sa conception.

Pour les forces de l'ordre, certaines de ces menaces sont susceptibles de présenter des défis importants à l'avenir, car tous les actes qui sont criminalisés dans le monde physique ne sont pas considérés comme des crimes lorsqu'ils sont commis dans le monde virtuel. Ainsi, pour Madan Oberoi, directeur général de la division Technologie et innovation d'Interpol :

« En identifiant ces risques dès le départ, nous pouvons travailler avec les parties prenantes pour mettre en place les cadres de gouvernance nécessaires et couper les futurs marchés criminels avant qu'ils ne soient pleinement formés. Ce n'est qu'en ayant ces conversations maintenant que nous pourrons mettre en place une réponse efficace. [...] Le métavers est susceptible de transformer tous les aspects de notre vie quotidienne, avec d'énormes conséquences pour les services chargés de l'application de la loi. Mais pour que la police comprenne le métavers, il faut que nous en fassions l'expérience[8]. »

À bien des égards, le métavers n'est finalement que le prolongement logique d'Internet tel que nous le connaissons aujourd'hui, mais avec la volonté qu'il soit plus social, plus immersif et beaucoup plus étoffé économiquement. Il existe, en gros, deux visions concurrentes de la manière d'y parvenir : l'une est décentralisée, généreuse en droits de propriété et en nouvelles frontières, interopérable, ouverte et détenue par les communautés qui la construisent et la maintiennent. L'autre vision – trop familière à de nombreuses personnes aujourd'hui – est centralisée, fermée, soumise aux caprices des entreprises et qui exploite souvent les créateurs, contributeurs, investisseurs et utilisateurs. La dimension clé pour comparer ces deux visions est celle de l'ouverture et celle du cloisonnement. Les différences entre elles peuvent être conceptualisées comme nous allons le voir ci-après.

Le métavers centralisé

L'une des façons les plus simples d'envisager un métavers centralisé est de le comparer à un système financier cloisonné, c'est-à-dire une banque.

8. *Ibid.*

Nous avons déjà discuté de ce sujet dans notre précédent ouvrage *Investir dans les cryptomonnaies comme on investit en Bourse*. Lorsque vous placez votre argent dans une banque, vous avez la garantie que vos informations financières resteront toujours confidentielles, c'est en tout cas la promesse des banques : avec le perfectionnement des techniques d'*hacking*, personne n'est totalement à l'abri. À moins que vous ne soyez victime d'une fraude ou d'un vol de données, vous pouvez être sûr que vos informations seront conservées sous clé.

Les banques sont gérées par des entités centrales : gouvernements, entreprises et organisations. La même règle s'applique dans un métavers centralisé. Les utilisateurs peuvent interagir les uns avec les autres et partager leurs expériences, mais ils n'ont pas la liberté de contrôler ou de posséder des éléments de l'environnement numérique. Ils sont limités par les paramètres de la structure dont l'entité centrale est propriétaire.

L'avantage est qu'il existe un certain niveau de gouvernance dans ce monde virtuel. Des politiques sont en place pour protéger les utilisateurs si leurs comptes sont piratés ou si l'une de leurs transactions échoue. L'inconvénient est que l'entreprise qui possède le métavers (ou la banque) peut déposer le bilan, changer les règles selon son bon vouloir ou celui de son conseil d'administration, son fondateur peut disparaître avec les avoirs de ses utilisateurs ou encore le vendre à un milliardaire illuminé qui va l'ordonnancer à sa façon. Et ce n'est pas le personnel de Twitter qui nous contredira, car après avoir passé des années à tenter de protéger ses quelques 230 millions d'utilisateurs contre des milliardaires impulsifs qui voulaient utiliser la popularité de sa plateforme à leurs propres fins, ils ont fini par voir l'un d'entre eux être nommé PDG. En trois mois, Elon Musk a réussi à miner la confiance du public en plus de perdre des sommes considérables, c'est d'ailleurs la première personne de l'histoire à voir sa fortune fondre de 200 milliards de dollars.

Actuellement, le buzz autour du métavers centralisé est, dans une large mesure, généré par certains des plus grands acteurs technologiques qui entrent dans la course, comme :

- Microsoft, qui lance des outils pour créer des espaces immersifs avec la réalité augmentée et virtuelle.
- Apple, qui s'apprête à lancer son premier casque de réalité virtuelle, suivi de son premier vêtement de réalité augmentée.

- NVIDIA, qui vient de lancer Omniverse, une plateforme extensible basée sur la description universelle de scènes (USD). Elle permet aux individus et aux équipes de créer des pipelines 3D personnalisées et de simuler des mondes virtuels à grande échelle plus rapidement que jamais.
- Epic Games, qui gagne déjà des milliards de dollars avec Fortnite, un jeu en ligne populaire où des millions de joueurs du monde entier se rassemblent dans un monde virtuel pour jouer, se détendre et assister à des concerts.
- Disney, qui a obtenu un brevet pour une technologie capable de suivre les appareils mobiles pour créer des superpositions personnalisées projetées en 3D sur des espaces physiques. Ce brevet permettrait au géant des médias de superposer du contenu numérique sur des environnements du monde réel, en contournant le besoin de lunettes ou de casques RV/RA.

À n'en point douter, les grandes entreprises joueront un rôle important dans l'évolution du métavers, ce qui soulève déjà la question suivante : vont-elles introduire les mêmes problèmes de confidentialité et de protection des données que ceux qui affectent les médias sociaux actuels ?

Prenons Meta par exemple : son modèle économique de l'entreprise tourne autour des données des utilisateurs. La société utilise ensuite ces données, qui ne sont pas toujours recueillies de façon transparente, pour permettre à des tiers de publier auprès des utilisateurs de Facebook des publicités ciblées, mais pas toujours sollicitées, et elle partage bien entendu ces données directement avec d'autres entreprises technologiques, dont Amazon, Apple, Microsoft, Netflix et Yandex, pour ne citer que les principales.

Un métavers contrôlé par Meta et composé d'expériences de réalité virtuelle telles qu'Horizon Worlds, Venues et Workrooms, accessibles via les casques Oculus Quest de Meta, offrirait un nombre infini de possibilités d'analyse de l'activité de tous les utilisateurs, y compris le contenu virtuel avec lequel ils interagissent et la durée d'utilisation. Meta pourrait ensuite utiliser les données recueillies pour transformer son métavers au profit des annonceurs et de ses partenaires commerciaux et influencer les utilisateurs, à leur insu.

Si les données relatives aux interactions des utilisateurs sont stockées de manière centralisée, il serait difficile pour des tiers indépendants, sans parler des utilisateurs finaux, de vérifier exactement qui y a accès et dans quelles conditions. Il n'est pas difficile d'imaginer un autre scandale de données de type Cambridge-Analytica, avec un parti politique ou un État-nation analysant les utilisateurs du métavers pour influencer leurs actions.

Le métavers décentralisé

Un métavers ouvert et décentralisé permet à ses utilisateurs de contrôler leur identité et de faire respecter leurs droits, aligne les incitations et garantit que la valeur revienne aux utilisateurs (et non aux plateformes). Un métavers ouvert est également transparent, sans permission, interopérable et composable (d'autres peuvent librement construire dans et à travers les m*étavers*), entre autres critères.

Un article paru sur le site Future fait état de sept ingrédients essentiels autour du concept de métavers ouvert et décentralisé, des ingrédients incontournables pour répondre à l'exigence minimale d'être appelé un métavers[9]. L'objectif principal de cette liste étant de dissiper le brouillard de la désinformation sur ce qui est et n'est pas un vrai métavers pour les développeurs et les participants potentiels, et de fournir un cadre précis pour évaluer les premières tentatives de métavers.

Décentralisation

La décentralisation est le principe fondamental d'un métavers et beaucoup des caractéristiques qui suivent dépendent ou résultent de ce concept principal. Par décentralisation, nous entendons le fait de ne pas être détenu ou exploité par une seule entité ou à la merci de quelques puissants. Les plateformes centralisées ont tendance à commencer de manière amicale et coopérative pour atteindre une masse critique d'utilisateurs, de créateurs de contenu et de développeurs, mais une fois que la croissance ralentit, elles deviennent plus compétitives et leur modèle d'affaires plus agressif. Souvent, ces puissantes plateformes se livrent à des violations des droits des utilisateurs, l'économie devient captive avec des taux de prélèvement disproportionnés. Les systèmes décentralisés, en

9. Liz Harkavy, Eddy Lazzarin et Arianna Simpson, « 7 Essential Ingredients of a Metaverse », Future, 6 mai 2022.

revanche, prônent un partage plus équitable entre les parties prenantes, une censure réduite et une plus grande diversité.

La décentralisation est importante. Parce que les plateformes centralisées ne peuvent pas prendre les mêmes types d'engagements forts – contrôlés par le code – que les blockchains, leurs promesses peuvent être révoquées ou modifiées dès qu'un arrangement n'a plus de sens, selon les caprices des dirigeants ou des organisations. Le moyen le plus judicieux de se protéger contre de tels abus et de sécuriser un métavers est de s'assurer que le contrôle est décentralisé.

Droits de propriété

Les développeurs de la plupart des jeux vidéo à succès ont diversifié leur monétisation. Aujourd'hui, on retrouve dans leur panoplie les microtransactions, la vente de contenus téléchargeables (*DLC*), les coffres à butin (*loots*) et les abonnements saisonniers ou ponctuels (*season pass* ou *battle pass*), tout cela étant beaucoup plus rentable que des abonnements traditionnels ou le prix d'une boîte de jeux. Malgré tout, les joueurs qui achètent actuellement des objets dans le jeu ne sont pas réellement propriétaires des objets – elles les louent. Dès que quelqu'un quitte le jeu ou que les développeurs du jeu en question décident unilatéralement de fermer ou de changer les règles, les joueurs perdent l'accès aux serveurs et donc à tous les objets accumulés dans leur inventaire.

Les gens se sont tellement habitués à louer auprès des services centralisés du Web 2.0 que l'idée de posséder réellement des choses – des objets numériques que l'on peut vendre, échanger ou emporter ailleurs – leur paraît souvent étrange. Pourtant, le monde numérique devrait obéir à la même logique que le monde physique : lorsque vous achetez quelque chose, vous en êtes propriétaire, le bien vous appartient. Tout comme les tribunaux font respecter ces droits dans le monde physique, le code devrait les faire respecter en ligne. Les véritables droits de propriété numériques n'étaient pas envisageables avant l'avènement de la cryptographie et de la technologie blockchain et des innovations connexes tels que les métavers.

Identité autosouveraine

L'identité est étroitement liée aux droits de propriété. On ne peut rien posséder si on ne se possède pas soi-même. Comme dans le monde réel, l'identité des personnes doit pouvoir persister dans le métavers sans dépendre entièrement d'un petit ensemble de fournisseurs d'identité centralisés.

L'authentification concerne l'identité : prouver qui est une personne, à quoi elle a accès et quelles informations elle partage. Sur le Web aujourd'hui, cela nécessite de demander à un intermédiaire de le faire en son nom, avec des méthodes de connexion en un clic comme la connexion sociale ou l'authentification unique (SSO). Les plus grandes plateformes technologiques actuelles, comme Meta ou Google, utilisent cette approche pour collecter des données afin de développer leurs activités : elles surveillent le comportement des gens pour développer des modèles et algorithmes qui diffusent des publicités plus pertinentes. En outre, comme ces plateformes ont un contrôle total, toute tentative d'innovation dans le processus d'authentification repose sur l'honnêteté et la volonté de l'entreprise qui se trouve derrière la plateforme.

La cryptographie au cœur du Web 3.0 permet aux gens de s'authentifier sans dépendre de ces intermédiaires, de sorte que les gens peuvent contrôler leur identité directement ou avec l'aide des services de leur choix. Les portefeuilles (comme Metamask ou Phantom) permettent aux gens de se vérifier eux-mêmes. Des normes comme EIP-4361 (*sign-in with Ethereum*) et ENS (*Ethereum name service*) permettent aux projets de se coordonner autour de protocoles *open source* et de contribuer indépendamment à un concept d'identité numérique plus riche, plus sûre et en constante évolution.

Composabilité

La composabilité est un principe de conception de systèmes. Plus précisément ici, il s'agit de la possibilité de mélanger et d'associer des composants logiciels comme des briques de lego. Chaque composant logiciel ne doit être écrit qu'une seule fois et peut ensuite être simplement réutilisé, dans l'esprit de ne pas perpétuellement réinventer la roue.

Pour permettre la composabilité – un concept étroitement lié à l'interopérabilité –, un métavers devrait offrir des normes techniques ouvertes et de haute qualité comme base. Dans des jeux comme *Minecraft* ou *Roblox*, vous pouvez construire des biens numériques et de nouvelles expériences à partir des composants de base fournies par le système, mais il est plus difficile de les déplacer hors de ce contexte ou de modifier leurs fonctionnalités internes. Les entreprises proposant des services intégrables, comme Stripe pour les paiements ou Twilio pour les communications, fonctionnent sur des sites Web et des applications, mais elles ne permettent pas aux développeurs extérieurs de modifier ou de remixer leur code.

Dans leur forme la plus aboutie, la composabilité et l'interopérabilité sont possibles sans autorisation sur une large gamme de logiciels. La finance décentralisée, ou DeFi, est un exemple concret de cette forme forte. Tout le monde peut adapter, recycler, modifier ou importer du code existant. En combinant de nouveaux ingrédients puissants tels que les droits de propriété, l'identité et la propriété, les développeurs peuvent créer des expériences totalement inédites et innovantes.

Ouverture / open source

La véritable composabilité est impossible sans *open source*, qui est la pratique consistant à rendre un code libre, disponible, pouvant être redistribué et modifié à volonté. L'*open source* est une composante essentielle au développement d'un métavers, ainsi, lorsque les bases de code, les algorithmes, les places de marché et les protocoles sont des biens publics transparents, les créateurs peuvent poursuivre le développement de leurs idées et de leurs ambitions pour construire des expériences plus sophistiquées et plus fiables.

L'ouverture conduit à des logiciels plus sûrs, permettant à toutes les parties de mieux connaître les conditions économiques et éliminant les asymétries d'information. Ces propriétés peuvent créer des systèmes plus justes et plus équitables qui alignent réellement les participants au réseau. La puissance de la composabilité dans le Web 3.0 est largement due à son éthique de source ouverte.

Appropriation communautaire

Dans un métavers, toutes les parties prenantes devraient avoir leur mot à dire, proportionnellement à leur implication dans la gouvernance du système. Les gens ne devraient pas avoir à se contenter de se conformer aux édits émanant du conseil d'administration d'une entreprise technologique quelconque. Si une seule entité possède ou contrôle ce monde virtuel, alors, à l'instar de Disney World, il peut offrir une certaine forme d'immersion en silo, mais ne sera jamais à la hauteur de son véritable potentiel.

L'appropriation communautaire est la pièce du puzzle qui permet aux participants du réseau – constructeurs, créateurs, investisseurs et utilisateurs – de coopérer et d'œuvrer pour le bien commun. Ce miracle de coordination – auparavant peu maniable ou impossible sans l'avènement des cryptomonnaies et blockchains – est orchestré par la propriété de jetons, les actifs natifs des réseaux.

Au-delà des avancées technologiques créées par la décentralisation, les implications philosophiques d'un espace appartenant à la communauté sont cruciales pour le succès du métavers. Sur le Web 3.0, les participants aux organisations autonomes décentralisées, ou DAO, ont ce principe à cœur. Ils évitent la rigidité formelle des structures d'entreprise en faveur d'expériences de gouvernance plus flexibles, plus variées, démocratiques et informelles. Cela permet de créer des communautés qui sont gouvernées, construites et dirigées par leurs utilisateurs plutôt que par une seule entité.

Immersion sociale

Les grandes entreprises technologiques voudraient vous faire croire que le matériel de réalité virtuelle ou de réalité augmentée (RV/RA) est un ingrédient essentiel – peut-être même le plus essentiel – d'un métavers, ce qui est faux. En fait, ces appareils sont comme des chevaux de Troie : les entreprises les considèrent comme un moyen pour elles de devenir les fournisseurs dominants d'interfaces informatiques pour les mondes virtuels en 3D et, par conséquent, de devenir les goulets d'étranglement intermédiaires des expériences de métavers des gens.

Un métavers n'a pas besoin d'exister dans la RV/RA. Tout ce qui est nécessaire à l'existence d'un métavers est l'immersion sociale au sens large. Ce qui est plus important que le matériel, c'est le type d'activités que les métavers autorisent. Ils permettront aux gens de se rencontrer à distance, de travailler ensemble, de se mêler à leurs ami·e·s et de s'amuser et d'échanger, un peu comme ils le font aujourd'hui avec Discord, Twitter Spaces ou ClubHouse.

La pandémie a souligné le besoin d'expériences plus immersives – au-delà des plateformes de communication textuelles traditionnelles, comme le courrier électronique – alors que l'utilisation d'autres outils de téléconférence et de télé présence, comme Zoom et autres, montaient en flèche. En outre, grâce aux éléments économiques décrits précédemment – droits de propriété, autosouveraineté, propriété communautaire – les métavers peuvent permettre aux gens de gagner leur vie, de faire des affaires et d'acquérir un statut. Sur le lieu de travail typique d'un travailleur intellectuel, les gens collaborent à l'aide d'outils tels que Slack, tandis qu'en dehors du monde traditionnel de l'entreprise, dans le mouvement organisationnel ascendant des DAO, Discord et Telegram prévalent. Le métavers n'a rien à voir avec les modalités de « vision » – les outils que vous utilisez pour voir le métavers. C'est un mème pratique pour ceux qui ont le contrôle du matériel de fabrication.

L'auteur de science-fiction Neal Stephenson dont nous avons parlé précédemment prédit l'existence des cryptomonnaies et des mondes numériques. Il décida, avec son projet Lamina1, de construire un métavers ouvert, propulsé par la blockchain. Ce projet l'oppose aux grandes entreprises technologiques qui ont leurs propres projets de métavers, car sa vision est celle d'un métavers uniquement décentralisé qui ne sera pas la propriété de quiconque. Il a même lancé une organisation et une blockchain appelée Lamina1 dans le but d'apparaître comme un noyau pour le métavers ouvert. Il pourrait s'agir d'une blockchain qui gère l'interopérabilité entre les mondes, vérifie l'identification des clients et traite les transactions monétaires. Ce projet vise aussi à aider les artistes et autres créateurs de valeur à être payés pour leur travail. Stephenson a également révisé sa vision du métavers, déclarant que l'expérience sera probablement davantage axée sur les écrans plats en 2D plutôt que sur les technologies de réalité virtuelle ou augmentée telles que les casques et les lentilles, comme dans le modèle proposé par Meta et Microsoft. Les détails spécifiques sur le projet sont rares à ce stade, mais Joseph Lubin, cofondateur d'Ethereum, est l'un des premiers et principaux investisseurs du projet.

Le roman de 1992 de Stephenson dépeint le métavers comme un environnement urbain virtuel auquel on accède par un réseau mondial de fibres optiques et des casques de réalité virtuelle. Le roman soulève les thèmes de l'inégalité sociale, du contrôle centralisé et de la publicité constante, ainsi que le concept d'immobilier virtuel. Stephenson a partagé certaines de ses réflexions sur Twitter, où il a prédit que la plupart du métavers sera construit pour les écrans et non pour les casques de réalité virtuelle : « La suggestion selon laquelle le métavers est principalement constitué d'RA/RV n'est pas folle. Dans mon livre, c'est tout RV. Et j'ai travaillé pour une entreprise de réalité augmentée, l'une des nombreuses entreprises qui investissent des milliards de dollars dans des casques. Mais… » Stevenson a noté que lorsqu'il a écrit pour la première fois sur le sujet il y a trois décennies, il ne prévoyait pas que des jeux vidéo de haute qualité seraient disponibles à grande échelle pour les consommateurs à l'avenir :

> *Grâce aux jeux vidéo, des milliards de personnes peuvent désormais naviguer confortablement dans des environnements en 3D sur des écrans plats en 2 D. Les interfaces qu'ils maîtrisent (par exemple WASD + souris) ne correspondent pas à ce que la plupart des auteurs de science-fiction avaient prédit. Mais c'est ainsi que la dépendance au sentier fonctionne dans la technologie.*

L'auteur ajoute que le développement de jeux modernes est toujours centré sur l'écran, tant pour le développeur que pour le consommateur, et que, le cas échéant, il y aura une approche hybride du métavers qui englobe à la fois les écrans 2D et les technologies RA/RA, et non de la RV pure. Il a également déclaré[10] :

> *Nous nous déplaçons librement et interagissons avec un environnement 3D extrêmement riche en utilisant des claviers conçus pour des machines à écrire mécaniques. C'est du vrai steampunk. Un métavers qui laisserait de côté les utilisateurs et les développeurs qui créent ces expériences partirait du mauvais pied.*

Nous terminerons ce chapitre avec quelques remarques extraites d'un article publié sur le site de Gartner, entreprise américaine de conseil et de recherche dans le domaine des nouvelles technologies :

> *« Le » métavers n'existe pas encore. Aujourd'hui, un métavers comprend plusieurs technologies émergentes qui promettent le prochain niveau d'interaction dans les mondes virtuel et physique.*
>
> *Un métavers n'est pas indépendant des appareils et n'appartient pas à un seul fournisseur. Il s'agit d'une économie virtuelle indépendante, rendue possible par les cryptomonnaies et les NFT.*
>
> *Les opportunités émergent rapidement, mais les organisations et individus doivent être prudents lorsqu'ils investissent dans un métavers spécifique, car il est trop tôt pour déterminer lesquels sont viables à long terme[11].*

10. Ces citations sont des tweets de Neal Stephenson datés du 8 juin 2022.
11. Jackie Wiles, « What is a Metaverse? And Should You be Buying in? », Gartner, 21 octobre 2022.

Le métavers est un univers virtuel en constante évolution, un lieu où les possibilités sont infinies et où les utilisateurs peuvent explorer, jouer, travailler, se rencontrer, faire des achats, et même créer du contenu. Il peut être accessible via des technologies avancées telles que la réalité augmentée ou la réalité virtuelle, qui permettent une immersion totale, mais ce n'est pas nécessaire pour y accéder. L'idée d'un métavers idéal est celle d'une plateforme unique où chacun peut évoluer sous sa propre identité ou celle d'un avatar, en passant d'un univers à un autre selon ses besoins ou ses envies. Cependant, pour que cela soit possible, il est crucial de statuer sur des questions clés telles que l'identité numérique, la propriété virtuelle, les cryptomonnaies et l'interopérabilité de tous ces actifs. Le concept du métavers a d'abord été imaginé par des auteurs de science-fiction, souvent avec des visions dystopiques, mais aujourd'hui, il devient de plus en plus réalité, avec un nombre croissant d'utilisateurs qui explorent cet univers virtuel en transcendant les limites fixées par les développeurs et en repoussant les frontières de leur imagination.

Chapitre 3

Le métavers : chiffres et projections d'ici 2030

« Si l'on regarde vers l'avenir, la prochaine étape importante sera la disparition du concept même de "dispositif". »

Sundar Pichai

Nous démarrerons ce chapitre avec une infographie réalisée par le site Newzoo sur l'écosystème du métavers 2022 présentant les acteurs clés de l'écosystème et les parties prenantes.

Le groupe Citi, l'une des plus grandes institutions financières du monde, a publié en mars 2022 un rapport fort intéressant sur le marché du métavers jusqu'en 2030. Nous vous en livrons une partie ici, le reste étant disponible en ligne[12].

12. Ronit Ghose *et al.*, « Metaverse and Money: Decrypting the Future », rapport, Citi, mars 2022.

Figure 3.1 – Écosystème du métavers (1)

Source : Newzoo, *Metaverse Ecosystem Diagram 2022*, 4 juillet 2022.

Figure 3.2 – Écosystème du métavers (2)

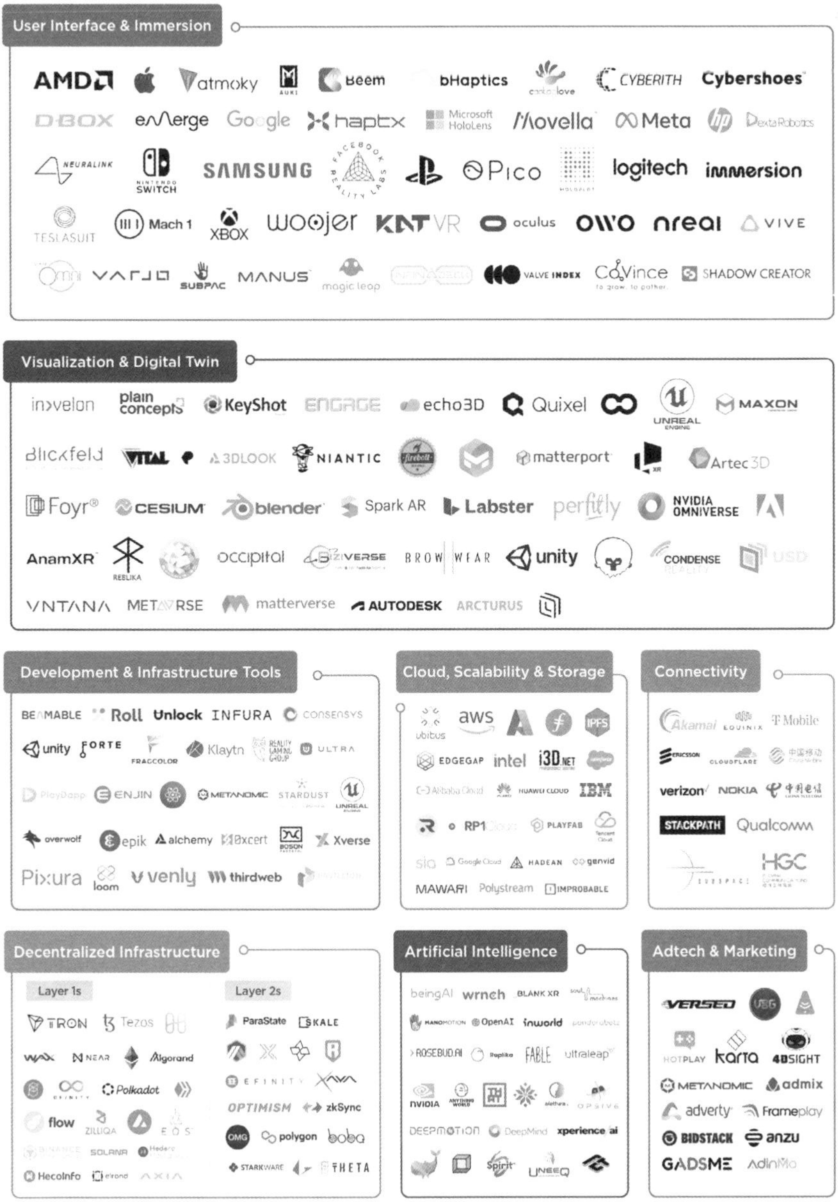

Source : Newzoo, *Metaverse Ecosystem Diagram 2022*, 4 juillet 2022.

Le métavers, en tant que concept, existe depuis les années 1990. Cependant, l'intérêt pour ce monde virtuel a connu un pic à la fin de l'année 2021 à la suite d'une hausse des ventes de jetons non fongibles (NFT) ainsi qu'à des annonces d'acteurs de la *big tech* indiquant leur intérêt et leurs investissements. Aujourd'hui, la façon la plus facile d'expérimenter le métavers est probablement via un jeu vidéo. Mais dans leur rapport, Citi évoque la possibilité que le métavers soit en passe de devenir la prochaine itération d'Internet, ou Web 3.0. Ce « métavers ouvert » appartiendrait à la communauté, serait gouverné par elle et constituerait une version librement interopérable qui garantirait la confidentialité dès la conception. Ce concept de métavers ouvert et interopérable reviendra dans presque tous les chapitres de ce livre.

Les utilisateurs devraient pouvoir accéder à une multitude de cas d'utilisation, notamment le commerce, l'art, les médias, la publicité, les soins de santé et la collaboration sociale. Un métavers indépendant des appareils serait accessible via des ordinateurs personnels, des consoles de jeu et des smartphones, ce qui donnerait lieu à un vaste écosystème. En utilisant cette définition large, le marché total adressable pour le métavers pourrait se situer entre 8 000 et 13 000 milliards de dollars d'ici 2030, avec un nombre total d'utilisateurs du métavers d'environ cinq milliards[13].

Pour atteindre ce niveau de marché, il faudra investir dans les infrastructures. L'environnement de streaming de contenu du métavers nécessitera probablement une amélioration de l'efficacité informatique de plus de mille fois les niveaux actuels. Des investissements seront nécessaires dans des domaines tels que l'informatique, le stockage, l'infrastructure réseau, le matériel grand public et les plateformes de développement de jeux.

La définition de ce qui est considéré comme de l'argent dans le métavers ouvert sera probablement très différente de ce qui est considéré comme de l'argent dans le monde réel actuel. L'interopérabilité et les échanges transparents entre les technologies blockchain sous-jacentes sont essentiels pour garantir une expérience utilisateur sans friction.

---

13. Chris Morris, « Citi says metaverse economy could be worth $13 trillion by 2030 », *Fortune*, 1er avril 2022.

Différentes formes de cryptomonnaies devraient dominer, mais étant donné la tendance multichaînes de l'écosystème cryptographique, les cryptomonnaies coexisteront probablement avec les monnaies fiduciaires (dites « fiat »), les monnaies numériques des banques centrales et les monnaies stables.

Enfin, si le métavers est effectivement la nouvelle itération d'Internet, il est fort probable qu'il fera l'objet d'une attention accrue de la part des régulateurs, des décideurs et des gouvernements du monde entier. Des questions telles que les règles de lutte contre le blanchiment d'argent pour les échanges et les portefeuilles, l'utilisation de la finance décentralisée (DeFi), les cryptoactifs et les droits de propriété devront toutes être abordées.

Enfin, il y a l'industrie des jeux vidéo dans son ensemble. Non seulement les jeux sont ce qui se rapproche le plus du métavers, mais ce secteur sera redéfini grâce à l'amélioration constante du matériel RA/RV et aura un effet d'entraînement sur toutes les autres industries. Le métavers se développera à partir et aux côtés du jeu, un secteur qui est déjà plus important que les industries du cinéma et de la musique réunies.

Un autre rapport, provenant de la société d'analyse et de conseil GlobalData et publié en octobre 2022[14], en arrive presque aux mêmes conclusions. D'après ce rapport, l'industrie du métavers mondial atteindra 996,42 milliards de dollars d'ici 2030, avec un taux de croissance annuel composé de 39,8 % au cours des huit prochaines années. Le secteur représentait 22,79 milliards de dollars en 2021, selon le rapport. GlobalData a déclaré que l'évolution majeure vers le travail à distance et hybride pendant et après la pandémie a fait pencher la balance en faveur de l'industrie du métavers. Selon Deepal Agarwal, chef de projet chez GlobalData :

> *Il y a une ruée vers les partenaires et les apprentissages solides de l'écosystème du métavers. Les opérateurs télécoms sont, dans l'ensemble,*

14. Global Data, « Metaverse Market Size, Share, Trends, Analysis, and Forecasts by Vertical, Component Stack, Region, and Segment 2022–2030 », rapport, octobre 2022.

désireux de comprendre la configuration du terrain et d'investir dans l'exploration avec des start-up comme partenaires potentiels. L'activité de fusion et d'acquisition s'accélère, l'accès à la technologie étant la principale raison de la plupart des transactions. Les fournisseurs de solutions de RA, de RV, d'IA et de blockchain deviennent des cibles de choix, les acquéreurs cherchant à développer des expériences inédites[15].

GlobalData souligne des mouvements comme l'acquisition prévue par Microsoft de la société de jeux Activision Blizzard pour 68,7 milliards de dollars. En avril 2022, Arogo Capital a acquis EON Reality, un fournisseur de logiciels de réunion en 3D basés sur la RV, dans le cadre d'une transaction d'une valeur de 655 millions de dollars. De même, les fournisseurs renforcent leurs offres de RV, de RA et d'IA. La société Lenovo, basée à Hong Kong, a récemment lancé son nouveau casque ThinkReality VRX destiné aux utilisateurs professionnels et Meta a sorti son dernier casque de RV, le Quest 2 Pro, un appareil haut de gamme destiné à des tâches de RV plus lourdes en calcul.

Terminons ce chapitre avec quelques prédictions tirées d'un article paru sur le site TechTarget et intitulé : « Les 12 principales prédictions du métavers pour 2030 »[16]. Selon cet article, la manifestation du métavers orientée vers le consommateur évoluera à partir des premières racines des médias sociaux, des jeux massivement multijoueurs et d'un commerce plus immersif. L'aspect professionnel englobera les outils de travail à distance, l'Internet des objets, les jumeaux numériques, la conception assistée par ordinateur, l'impression 3D et les applications commerciales. En cours de route, le métavers doit relever divers défis en matière de confidentialité, de sécurité, de matériel et de latence des réseaux. L'évolution se fera probablement par à-coups, à l'image des premiers efforts déployés pour faire décoller le mobile avant que l'iPhone ne crée un modèle pour l'industrie du mobile.

---

15. *Ibid.*
16. George Lawton, « 12 top metaverse predictions for 2030 », TechTarget, 18 novembre 2022.

Prédiction 1 : Le métavers sera grand (mais jusqu'à quel point ?)

Le cabinet de conseil en gestion McKinsey and Company a prédit que l'économie des métavers pourrait, dans son ensemble, « générer jusqu'à 5 000 milliards de dollars d'impact d'ici 2030, soit l'équivalent de la taille de la troisième économie actuelle, le Japon[17] ». Une grande partie de cet impact est observée dans le commerce électronique, avec d'autres impacts sur le marché dans l'apprentissage virtuel, la publicité et les jeux.

D'autres efforts visant à quantifier les technologies du métavers individuel, comme la réalité virtuelle, la réalité augmentée, les jeux en 3D et les jumeaux numériques suggèrent que les outils du métavers généreront beaucoup moins de revenus annuels. MarketsandMarkets, par exemple, a prédit que le marché de la technologie du métavers 3D pour le divertissement, les médias, l'art, la mode et la vente au détail atteindra 426,9 milliards de dollars d'ici 2027, tandis que Gartner a évalué le marché des jumeaux numériques d'entreprise à 183 milliards de dollars d'ici 2031[18]. D'autres estimations ont évalué le métavers à environ 1 500 milliards de dollars d'ici 2030, si l'on tient compte des technologies de blockchain et de finance décentralisée.

Pourquoi une telle différence dans les chiffres ? Les chiffres plus élevés de McKinsey représentent la valeur supplémentaire que le métavers pourrait débloquer dans d'autres secteurs, de la même manière que les téléphones mobiles et les ordinateurs ont accéléré les achats à domicile et entre entreprises. Par exemple, le métavers pourrait faciliter le shopping pour les vêtements, placer virtuellement des meubles dans la maison avant de les acheter ou ouvrir des marchés pour les biens virtuels. Les prédictions inférieures ont tendance à se concentrer uniquement sur les applications logicielles.

---

17. McKinsey and Company, « Value creation in the metaverse: The real business of the virtual world », juin 2022.
18. MarketsandMarkets, « Metaverse Market Forecast », mai 2022 et Gartner, « Emerging Technologies: Revenue Opportunity Projection of Digital Twins », 16 février 2022.

Prédiction 2 : Il y aura plusieurs métavers

La grande vision du métavers repose sur un écosystème intégré unique, à l'instar d'Internet. À court terme, il est probable qu'il y aura des plateformes métavers indépendantes avec des économies distinctes et la possibilité de déplacer des actifs et des objets entre les mondes.

« La plupart des entreprises seront présentes dans plusieurs Métavers[19] », a prédit Eran Elhanani, cofondateur de l'écosystème de jeux et de métavers GamesPad, qui s'attend à ce que la plupart des entreprises soient présentes, qu'elles vendent des produits de commerce électronique de détail ou d'entreprise. De nombreuses grandes entreprises, comme Nike, Adidas, Gucci ou Tiffany, se sont déjà lancées dans le métavers. « Les plus grandes, a déclaré Eran Elhanani, seront très probablement présentes dans plusieurs grands [métavers], tout comme elles auront des magasins dans plusieurs villes[20]. »

Prédiction 3 : Le métavers transformera tous les processus d'entreprise

Les premières vagues de transformation numérique se sont concentrées sur la manière dont la technologie pouvait améliorer les processus électroniques. Les technologies du métavers aideront les entreprises à capturer des représentations virtuelles de canaux, de produits et d'opérations physiques pour améliorer les processus physiques.

« Nous pensons que le métavers aura un impact sur tous les aspects de chaque entreprise, y compris la manière dont le travail est effectué, les produits proposés, la manière dont les produits sont distribués et la manière dont les entreprises fonctionnent[21] », suppose Jason Warnke, directeur général senior et responsable mondial de l'expérience numérique au sein du cabinet de conseil en informatique Accenture. Selon lui, les entreprises construiront leur propre métavers avant d'agir dans le monde réel, d'ailleurs, Accenture

19. Eran Elhanani et Constantin Kogan, « Metaverse: Emerging Business Opportunities », GamesPad, 2022.
20. *Ibid.*
21. Cité dans Harsh Notariya, « Will the Metaverse Dream Survive the Declining Interest: Predictions for 2023 », Beincrypto, 22 décembre 2022.

a récemment construit un jumeau numérique d'un bureau prévu pour collaborer sur différents aménagements de l'espace de travail, technologies et processus, ce qui a considérablement réduit les reprises et les erreurs.

Prédiction 4 : De nouveaux problèmes de sécurité et de confidentialité vont apparaître

Les préoccupations actuelles en matière de sécurité et de vie privée seront amplifiées. « Le métavers offrira de nouveaux défis en matière de cybersécurité, de droit à la vie privée, de conformité réglementaire, de réputation de la marque et de lutte contre la fraude[22] », a déclaré Emmanuelle Rivet, vice-présidente du département TMT américain et responsable mondiale des technologies chez PwC. Les techniques de capture 3D permettront de recueillir une quantité de plus en plus grande d'informations personnelles et biométriques que les pirates pourraient compromettre.

Les attaques de *deep fake* utiliseront ces données élargies pour élaborer des attaques de plus en plus sophistiquées en imitant les patrons, les clients, les régulateurs ou les institutions. Les marques doivent également se méfier des nouvelles contrefaçons numériques ou des contrefaçons imprimées en 3D.

Les entreprises doivent adopter une approche proactive en commençant par les services, conseille Emmanuelle Rivet, afin que la sécurité soit maintenue, quel que soit le lieu où se trouvent les biens de l'entreprise. Les entreprises doivent également communiquer de manière proactive ce que les consommateurs et les autres parties prenantes peuvent attendre des initiatives du métavers, ainsi que la manière dont elles prévoient d'atténuer les risques.

Prédiction 5 : Le métavers s'étendra au-delà des salles d'exposition virtuelles

L'aspect commercial du métavers utilisera les améliorations apportées aux logiciels de modélisation 3D, aux capacités de lidar et aux environnements

22. Cité dans George Lawton, « 12 top metaverse predictions for 2030 », *op. cit.* Toutes les citations et références ci-après, sauf indication contraire, sont issues de cet article.

multi-utilisateurs évolutifs pour développer de nouvelles approches de résolution des problèmes. « Je pense que nous n'avons fait qu'effleurer la surface, a déclaré Alex Weishaupl, directeur général de la conception d'expériences au sein du cabinet de conseil Protiviti Digital. [Les applications] vont rapidement dépasser les salles d'exposition virtuelles et les vitrines à 360° pour explorer des capacités qui tirent parti de la combinaison de la visualisation avec des données en temps réel pour alimenter la collaboration avec les clients, la prévision des risques, la détection des fraudes ou des crimes, et d'autres fonctions opérationnelles. »

Les entreprises devront faire preuve d'expérimentation, car il n'existe actuellement aucun guide à suivre, ce qui laissera également la porte ouverte à la découverte et à l'exploitation de nouvelles et précieuses applications de niche. Weishaupl conseille cependant de ne pas se précipiter dans le métavers, mais plutôt de se concentrer sur l'expérimentation et les essais stratégiques qui donneront naissance à des idées de deuxième et troisième vagues.

Prédiction 6 : Les jumeaux numériques seront le miroir de toute l'entreprise

Les entreprises utilisent actuellement des technologies d'extraction et de capture de processus pour modéliser les processus commerciaux. Parallèlement, les améliorations des techniques de capture 3D, telles que le lidar, permettent de modéliser les actifs physiques. Les entreprises combineront ces approches et d'autres pour « recréer l'ensemble de leur organisation, y compris les systèmes, les infrastructures et les personnes, à l'aide de jumeaux numériques dans le métavers », selon Frank Diana, associé directeur et prospectiviste chez Tata Consultancy Services.

Les jumeaux numériques sont déjà en train d'émerger à travers les industries pour augmenter l'efficacité et mieux planifier et se préparer à l'attendu et à l'inattendu, comme les tests de stress des opérations de fabrication ou des chaînes d'approvisionnement. « Pourtant, les fonctionnalités des jumeaux numériques peuvent aujourd'hui aller beaucoup plus loin », a déclaré Frank Diana. Les départements informatiques, par exemple, pourront identifier les failles dans leurs processus de sauvegarde et de récupération, et les managers pourront explorer de nouveaux agencements, outils et processus pour accroître la productivité et le bien-être.

Prédiction 7 : Les rôles du service clientèle et de la vente vont se transformer et s'automatiser

« Le métavers sera utilisé pour créer une expérience d'assistance à la clientèle nettement améliorée en permettant aux agents d'assistance des jumeaux numériques de s'asseoir virtuellement aux côtés du consommateur et de l'aider à résoudre un problème », a expliqué Frank Diana. « Un client rencontrant des difficultés pour installer un nouveau robinet, par exemple, pourrait faire appel à un agent du service clientèle pour l'aider à effectuer l'installation. Dans d'autres scénarios, les vendeurs pourraient rejoindre les clients dans le métavers pour faire la démonstration d'un produit, ou les agents de vente et d'assistance pourraient faire appel à un ingénieur principal pour résoudre un problème technique ».

Le métavers est plus qu'une simple plateforme d'achat supplémentaire, c'est aussi un moyen d'atteindre les consommateurs par des moyens qui étaient auparavant inaccessibles aux détaillants, ce qui leur permet de le faire de manière plus captivante. L'un des principaux fournisseurs de réalité augmentée / réalité virtuelle (RA/RV), ByondXR, a constaté une augmentation de 400 % de l'engagement des clients dans les expériences d'achat immersives personnalisées qu'il a développées pour ses clients détaillants[23]. Les détaillants peuvent désormais rencontrer les consommateurs à des moments de leur journée qui étaient auparavant inaccessibles, grâce à l'interaction avec un article acheté qui n'est plus limitée au cycle de vie du produit physique.

Prédiction 8 : Le *digital first* évoluera vers le *meta first*

Les canaux mobiles et sociaux ont aidé les entreprises à tester de nouveaux produits, services et modèles d'entreprise de manière numérique et à faire évoluer les plus performants dans des canaux physiques. Il est plus que probable que les entreprises passeront du numérique au méta numérique.

23. Kevin Rose, Tye Chait et Adrian Trzaskus, « The future of retail: Customer experience in the metaverse », Deloitte, 19 janvier 2023.

Davantage de produits seront lancés dans des mondes virtuels, parfois avant que la version physique ne soit mise en production. Les entreprises seront en mesure de mieux comprendre ce que veulent les clients, de créer de nouvelles offres avec eux et de partager leurs connaissances avec leurs équipes de développement de produits et de merchandising.

Prédiction 9 : Les entreprises intégreront la réalité dans le métavers

Le métavers offre la possibilité de combiner la géométrie, l'intelligence des matériaux et les lois de la physique. « Cela aura un impact profond sur la manière dont les produits sont développés, dont les ingénieurs collaborent et dont les entreprises fonctionnent », explique Prith Banerjee, directeur technique chez Ansys, fournisseur de logiciels de simulation et de conception 3D.

Depuis des décennies, les ingénieurs transposent la physique dans le monde numérique pour effectuer des analyses complexes. L'étape suivante, ajoute Prith Banerjee, consiste à simuler les actifs du métavers avec précision et en temps réel. En combinant des techniques de modélisation plus efficaces, faisant appel à l'intelligence artificielle et à des algorithmes plus récents, avec des ordinateurs plus puissants, les entreprises pourront analyser des systèmes plus vastes. En outre, les entreprises seront en mesure de combiner des jumeaux numériques d'analyse de données avec des jumeaux numériques basés sur la physique pour créer des modèles précis et réalistes d'actifs et de collections d'actifs toujours plus grands en temps réel.

Prédiction 10 : Le métavers consolidera les technologies

Les fournisseurs ont proposé des services gérés et des machines virtuelles (MV) pendant des années avant que le cloud ne consolide des approches disparates dans de nouvelles architectures d'entreprise. Les entreprises seront bombardées d'options pour explorer les studios du métavers, concevoir des stratégies et expérimenter de la même manière que le cloud influence les activités aujourd'hui.

Les fournisseurs commenceront à rebaptiser les produits et services existants pour qu'ils soient au cœur des stratégies de métavers d'entreprise, notamment le commerce, la blockchain, l'infrastructure distribuée, les jumeaux numériques et l'expérience client, a prédit Yugal Joshi, partenaire et responsable des technologies commerciales au sein du cabinet de conseil en recherche Everest Group. « Les entreprises devraient être prudentes, mais pas cyniques à leur égard », a-t-il déclaré. Le concept est manifestement trop nouveau et encore en évolution, de sorte que l'expérimentation continue à l'aide d'un écosystème innovant et l'engagement avec celui-ci sera essentiel.

La plupart des opportunités commerciales à court terme seront expérimentales. Certaines entreprises dans l'espace B2C (entreprises vers consommateurs), par exemple, ont acheté des terrains virtuels dans diverses plateformes de métavers sans que le retour sur investissement soit très clair. Selon Yugal Joshi, l'identification et la mise en œuvre d'applications commerciales rentables nécessiteront une évaluation beaucoup plus approfondie.

Prédiction 11 : La gamification galvanisera les technologies calmes

Les innovations autour de la blockchain et des jetons non fongibles ont contribué à créer une industrie artisanale de jeux de type « 2 » (P2E), comme *Axie Infinity* et *Gods Unchained*, dans lesquels les joueurs effectuent des tâches banales pour gagner des cryptomonnaies. Certains partisans du métavers affirment que les marques de consommation pourraient adopter une version plus sophistiquée des stratégies permettant de gagner des points, des réductions, des *miles* ou d'autres avantages. Les nouveaux modèles P2E prennent de l'ampleur. Au Royaume-Uni, par exemple, l'adoption des jeux P2E a presque doublé en 2022[24].

24. Dom Sacco, « Play-to-earn gaming adoption to double in the UK, but Brits still not that bothered about NFT games compared to those in other countries », Esports News UK, 30 mai 2022.

Pourtant, même à ce stade précoce, la tendance se heurte à l'opposition des journalistes spécialisés dans les jeux vidéo qui craignent que le P2E ne nuise à l'expérience du métavers. Une enquête menée auprès de 160 journalistes spécialisés dans les jeux vidéo par l'agence de relations publiques Big Games Machine sur l'état du journalisme spécialisé dans les jeux vidéo en 2022, a révélé que trois quarts des personnes interrogées ne couvriront probablement pas les jeux blockchain dans les six à douze prochains mois[25].

Les stratégies de gamification des métavers sont susceptibles de galvaniser les réactions contre les nouvelles formes de dépendances numériques. Les anciennes technologies calmes, comme les filtres antispam et les bloqueurs de publicité, qui aidaient les consommateurs à ne pas se laisser distraire par des courriels et des publicités indésirables, seront remaniées pour le métavers. De nouvelles variantes associeront des avatars intelligents à l'automatisation des processus robotiques pour bloquer la gamification du métavers, débloquer des offres spéciales ou surfer calmement dans des expériences d'information immersives.

Prédiction 12 : Les innovations dans la robotique vont s'accélérer

Le métavers n'est pas seulement destiné aux personnes. Le métavers d'entreprise aidera les ingénieurs à former des robots plus intelligents, selon Apurva Shah, PDG du fabricant de logiciels de simulation de jumeaux numériques Duality Robotics.

Les modèles haute-fidélité d'environnements réels, tels que les usines, les entrepôts, les chantiers de construction et les mines, permettront aux ingénieurs de relever des défis qui, autrement, seraient trop coûteux, trop longs ou trop difficiles à réaliser. Ces environnements peuvent générer de meilleures données synthétiques des cas limites difficiles à trouver dans le monde réel et aider à tester, valider et optimiser virtuellement les systèmes autonomes. Ils peuvent également aider à déterminer comment des robots

25. Big Games Machine, « Overworked, underpaid and under pressure: the 2022 game journalist survey », 22 septembre 2022.

ayant des configurations et des fonctions différentes pourraient travailler dans le même espace, voire collaborer.

« Le métavers d'entreprise deviendra un outil essentiel pour le développement de robots de plus en plus ambitieux, et il les aidera à le faire plus rapidement, de manière plus sûre et à moindre coût », a déclaré Apurva Shah. Malgré tout, son utilité dépendra de la normalisation et de l'interopérabilité des ressources. Des normes et des protocoles partagés seront nécessaires pour simuler de multiples systèmes développés par différentes parties prenantes.

Chapitre 4

Métavers et Web 3.0

« Le métavers représente la prochaine étape de l'évolution de la communication et de l'interaction en ligne. »

Jeremy Rifkin

Le Web 3.0 est la prochaine étape de l'évolution du Web, caractérisée par l'utilisation de technologies permettant de connecter différents systèmes et appareils afin de créer une expérience plus transparente et interconnectée. Le Web 3.0 se concentre sur l'expérience utilisateur, en mettant l'accent sur la transparence, la décentralisation, le contrôle par l'utilisateur, la propriété de l'utilisateur, la portabilité des actifs numériques, les interactions entre pairs et le bien collectif. Dans ce chapitre, nous examinerons les principales caractéristiques du Web 3.0 et la manière dont elles sont susceptibles d'avoir un impact sur le métavers.

Le Web 3.0 dans la continuité d'une longue histoire d'innovation technologique

Lorsque la plupart des gens pensent à l'Internet aujourd'hui, ils pensent aux plateformes de médias sociaux, aux moteurs de recherche et aux détaillants en ligne. Ce ne sont là que quelques exemples de technologies Web 2.0. L'objectif des technologies Web 2.0 était de permettre aux utilisateurs de collaborer et de créer du contenu généré par l'utilisateur. Au cours des dernières années, les sites de réseaux sociaux, les blogs et les wikis sont devenus de plus en plus populaires en raison de leur capacité à simplifier le partage d'informations et d'idées entre les consommateurs. Les entreprises ont pleinement intégré les technologies du Web 2.0 à leurs modèles commerciaux. Elles communiquent avec leurs clients et font la promotion de leurs produits et services à l'aide de plateformes interactives. Les technologies du Web 2.0 ont révolutionné la manière dont nous interagissons et communiquons, et ont exercé une influence considérable sur notre société. Le Web 2.0 a imprégné presque tous les aspects de notre vie d'une manière que nous n'aurions jamais pu imaginer lorsque nous étions aux premiers jours d'Internet.

Le Web 2.0 a vu l'amélioration de la technologie par rapport à la capacité des utilisateurs à générer du contenu. Les technologies du Web 3.0 sont celles qui se concentrent sur l'expérience utilisateur en mettant l'accent sur la transparence, la décentralisation, le contrôle, la propriété, la portabilité, les interactions sociales et le bien collectif.

Il peut être difficile d'imaginer aujourd'hui l'impact du Web 3.0 sur la société. Essayez de vous projeter dans le Web 1.0, une époque où le Web était rempli de pages HTML statiques, créées et mises à jour uniquement par les quelques personnes qui savaient le faire. Un Internet en lecture seule, dans lequel les utilisateurs ne pouvaient que lire le matériel et non le créer ou y contribuer. Les pages Web étaient souvent très simples, avec une quantité limitée d'informations, de fonctionnalités et souvent avec beaucoup trop d'images GIF animées. Ces contraintes techniques permettaient aux entreprises et aux organisations d'avoir un contrôle total sur leur message. Elles pouvaient élaborer avec soin leur présence en ligne pour présenter une image spécifique au monde. Même si nous vous disions que les technologies Web 2.0 allaient donner naissance à un contenu généré par les utilisateurs, auriez-vous pu imaginer le monde dans lequel nous vivons aujourd'hui ? L'impact sur la façon dont nous interagissons et communiquons ? Le passage d'un Internet en lecture seule à un Internet où chacun peut créer et partager du contenu facilement, immédiatement et de n'importe où. La question qui se pose alors est la suivante : comment les technologies du Web 3.0 vont-elles modifier la façon dont nous interagissons les uns avec les autres et avec le monde qui nous entoure ?

Le Web 3.0 n'en est encore qu'à ses balbutiements, mais un certain nombre de technologies en cours de développement indiquent la direction qu'il semble prendre. Parallèlement au développement de ces technologies Web 3.0, le Web sémantique et l'Internet des objets sont également en cours de développement. Le Web sémantique est le résultat du travail de Tim Berners-Lee, l'inventeur du Web, et de ses collègues du Web Consortium (W3C). Le Web sémantique consiste à créer des données structurées de manière qu'elles puissent être lues par des machines aussi bien que par des humains. Cela signifie que les appareils pourront communiquer entre eux et échanger des données plus facilement, créant ainsi une expérience plus fluide pour les utilisateurs.

Facebook Graph Search est un exemple précoce des avancées des technologies du Web sémantique exploitées par les entreprises. Il s'agit d'un outil qui permet aux utilisateurs de trouver des informations sur leurs amis et leurs relations sur le réseau social en fonction des relations et des intérêts. Dans le domaine des médias sociaux, cela implique des connexions interpersonnelles avec d'autres types de sujets tels que les médias, les biens et les entreprises. Le moteur de recherche traite intelligemment les requêtes des utilisateurs afin de fournir des résultats appropriés. Si vous voulez savoir qui sont vos ami·e·s Facebook qui aiment les chats, par exemple, le moteur de recherche vérifiera toutes ses données sur vos ami·e·s et vous renverra une liste de ceux qui ont aimé des documents liés aux chats. Cet exemple montre comment les progrès réalisés dans la structuration des données entre les applications logicielles se traduisent par des expériences plus efficaces pour les utilisateurs en ligne. Il montre également le côté sombre de cette technologie, car les entreprises sont en mesure de collecter une quantité sans précédent de données sur les utilisateurs et leurs intérêts. Rappelez-vous du fameux scandale Facebook-Cambridge Analytica, cette fuite de données personnelles de 87 millions d'utilisateurs qui auraient servi à influencer les intentions de vote en faveur de personnalités politiques.

La structuration des données pour améliorer la communication entre les applications logicielles que le Web sémantique apporte est également présente dans le développement d'Internet des objets (IoT). Également développé parallèlement aux technologies du Web 3.0, l'Internet des objets est un réseau de dispositifs physiques, de véhicules, d'appareils électroménagers et d'autres articles intégrant des composants électroniques, des logiciels, des capteurs, des actionneurs (dispositif matériel pour transformer une information digitale en un phénomène physique) et une connectivité qui permettent à ces objets de se connecter et d'échanger des données. L'Internet des objets permet un niveau d'automatisation et d'intégration qui n'était pas possible auparavant. Par exemple, votre thermostat pourrait être connecté à votre application météo pour qu'il sache quand il faut allumer le chauffage les jours de grand froid. Ou encore, votre voiture pourrait être connectée à votre calendrier afin de savoir quand vous avez un rendez-vous et de planifier votre trajet en conséquence. L'objectif de l'Internet des objets est de créer une expérience plus transparente pour les utilisateurs en connectant des objets physiques à l'Internet afin qu'ils puissent être contrôlés à distance ou automatisés. Les appareils connectés à l'Internet sont déjà utilisés dans certains foyers et entreprises. La quantité de données que ces appareils sont capables de collecter est énorme et elle ne fera que croître au fur et à mesure que le nombre de gadgets et leur capacité à communiquer efficacement augmentent.

Vers un *empowerment* des individus ?

Parmi les implications potentielles des technologies du Web 3.0 sur le métavers, on peut citer une transparence accrue, le contrôle des utilisateurs et une meilleure portabilité des données. Grâce à une transparence accrue, les utilisateurs pourront voir comment leurs données sont utilisées et qui y a accès. Cela créera un métavers plus responsable et plus sûr. Le contrôle de l'utilisateur sera renforcé, car il sera davantage propriétaire de ses données. Enfin, la portabilité des données sera améliorée, car les appareils pourront communiquer plus facilement entre eux, ce qui facilitera le transfert des données entre les différentes plateformes.

Face à ces entreprises qui contrôlent et monétisent nos données, les technologies du Web 3.0 représentent une force d'équilibre. Les Gafam (Google, Amazon, Facebook, Apple, Microsoft) et les BAT (Baidu, Alibaba, Tencent), comme on les appelle en Chine, ont fini par dominer le paysage d'Internet. Ils amassent des fortunes en collectant des données sur les utilisateurs, puis en les vendant aux annonceurs. Les technologies du Web 3.0 visent à décentraliser et changer tout cela, à rendre le pouvoir aux utilisateurs, à leur rendre le plein contrôle de leurs données.

Le Web 3.0 construit un Web où les utilisateurs ont donc le contrôle de leurs propres données et où les données sont cryptées afin qu'elles ne puissent pas être facilement volées ou manipulées. Cela nécessite de nouvelles façons de structurer et de gérer les données, ainsi que de nouveaux protocoles pour l'échange de données entre les appareils connectés à l'Internet. L'IPFS (*interplanetary file system*) est un exemple de protocole en cours d'élaboration qui permettrait un Web plus décentralisé. L'IPFS est un protocole hypermédia pair à pair conçu pour rendre le Web plus rapide, plus sûr et plus ouvert. Il fonctionne en connectant tous les appareils sur Internet afin qu'ils puissent partager des données sans avoir besoin d'un serveur central. Cela rendrait le Web plus résistant à la censure et aux attaques, tout en le rendant plus rapide et plus efficace.

Il existe de nombreux autres exemples de technologies Web 3.0 en cours de développement qui laissent entrevoir un avenir où le Web sera davantage centré sur l'utilisateur, décentralisé et transparent. Cette évolution aura un impact profond sur la façon dont nous interagissons entre nous et avec le monde qui nous entoure. Il modifiera également le mode de fonctionnement des entreprises qui devront s'adapter à un paysage plus décentralisé.

Comme indiqué plus haut, les technologies du Web 3.0 incluent la décentralisation des services traditionnellement contrôlés par Google, Apple, Facebook, Amazon ou Microsoft. Cela signifie qu'il n'y a plus de dépendance à l'égard de ces grandes plateformes centralisées et que les utilisateurs peuvent se connecter directement les uns aux autres. Un exemple de la façon dont la décentralisation peut bénéficier aux utilisateurs est illustré par le travail effectué par la start-up Akasha. Akasha.org est une plateforme de médias sociaux décentralisée qui permet aux utilisateurs de publier, partager et stocker du contenu sur un réseau d'égal à égal. Cela signifie que les utilisateurs ont davantage de contrôle sur leurs données que sur les plateformes de médias sociaux traditionnelles comme Facebook ou Twitter. Non seulement ils peuvent publier ce qu'ils veulent, mais ils restent également propriétaires de leurs données et peuvent choisir comment elles sont utilisées. Akasha est encore en cours de développement, mais a le potentiel d'offrir aux utilisateurs une expérience plus démocratique et décentralisée des médias sociaux. Cela présente de nombreux avantages, notamment une amélioration de la vie privée, de la sécurité et de la liberté d'expression, une transparence accrue, un contrôle des utilisateurs et une meilleure portabilité des données.

La possibilité de transférer des données d'une plateforme à une autre est essentielle pour rétablir l'équilibre des pouvoirs entre les entreprises et les individus. Les technologies du Web 3.0 permettent aux utilisateurs de faire migrer leurs actifs numériques d'une plateforme à une autre. Les actifs numériques tels que les photos, les vidéos et les livres sont actuellement enfermés dans les écosystèmes des entreprises qui les hébergent. Par exemple, si vous avez une collection de photos sur Facebook, vous ne pouvez pas les déplacer vers un autre service comme Google Photos ou Flickr. Cela limite votre capacité à changer de fournisseur et étouffe la concurrence. Grâce aux technologies du Web 3.0, les utilisateurs pourront emporter leurs données avec eux lorsqu'ils passeront à une nouvelle plateforme. Cela favorise la concurrence et la créativité entre les plateformes qui se disputent désormais les utilisateurs.

Comme nous venons de le voir, la façon dont nous interagissons avec Internet est en train de changer. Les technologies Web 3.0 rendent l'Internet plus centré sur l'utilisateur, plus décentralisé et plus transparent. Cette évolution aura un impact profond sur la façon dont nous interagissons entre nous et avec le monde qui nous entoure. Il modifiera également le mode de fonctionnement des entreprises, qui devront s'adapter à un paysage plus décentralisé. Cela est particulièrement important dans le métavers où les utilisateurs peuvent choisir parmi de nombreux univers centralisés et décentralisés variés. Si les données sont confinées à une seule plateforme, le fait de limiter la possibilité d'explorer diverses alternatives crée un déséquilibre de pouvoir entre l'utilisateur et le propriétaire de la plateforme. Lorsque les utilisateurs peuvent emporter leurs données avec eux, les règles du jeu sont plus équitables, c'est la fameuse interopérabilité qui est prônée dans le métavers décentralisé, qui en est même l'un des principaux arguments.

L'un des aspects les plus importants du Web 3.0 est le concept de souveraineté d'identité. Cela signifie que les utilisateurs ont un contrôle total sur leurs données et informations personnelles, et qu'ils ne dépendent pas de plateformes centralisées telles que Facebook ou Google pour gérer leur identité. Avez-vous remarqué que la possibilité d'utiliser Facebook pour créer un compte sur des sites Web est de plus en plus proposée ? Il s'agit en effet d'un moyen facile pour les propriétaires de sites Web de vérifier votre identité. Cependant, cela signifie également que Facebook a un contrôle important sur vos données personnelles. Le Web 3.0 offre aux utilisateurs une option différente. À la place de Facebook ou de Twitter, les utilisateurs peuvent choisir d'utiliser des services décentralisés qui leur permettent de stocker et de partager leurs données de manière plus sûre. Par exemple, imaginez que vous voulez réserver une chambre d'hôtel pour vos vacances en utilisant un site de réservation. Pour sauvegarder vos informations, vous créez un profil sur le site. Afin d'éviter de vous souvenir d'un nouveau mot de passe, vous utilisez l'option de connexion à Facebook. Vous demandez ainsi à Facebook d'envoyer vos informations au site de réservation. Cependant, cela signifie également que Facebook a désormais accès à vos projets de voyage. Avec un service Web 3.0 décentralisé comme Ethereum Name Service (ENS), vous pouvez réserver la chambre sans avoir à communiquer vos données personnelles. Ceci est bénéfique pour vous à plusieurs niveaux. Elle garantit que vos informations restent privées tout en vous permettant de limiter la capacité de Facebook à utiliser les données vous concernant afin de susciter encore plus votre attention par des publicités adaptées au contenu. Ce n'est là qu'un exemple de la manière dont la souveraineté de l'identité peut donner aux utilisateurs un plus grand contrôle sur leurs données personnelles.

Un Internet qui récompense les utilisateurs : avènement de l'économie de l'attention

Il est important de se rappeler que la plupart des revenus de Facebook proviennent de la vente d'espaces publicitaires sur son site Web et son application mobile. Les annonceurs peuvent cibler leurs publicités sur des groupes spécifiques de personnes en fonction de leurs intérêts, de leurs données démographiques et de leur localisation. Cela signifie que Facebook accroît ses bénéfices en augmentant le temps que vous passez sur son application et en améliorant ses connaissances sur vous. Pour ce faire, ils collectent constamment des données sur tout ce que vous faites sur leur plateforme, ainsi que sur toute autre plateforme qui appartient à Meta (comme Instagram et WhatsApp). Cela inclut le contenu que vous consommez, les publicités sur lesquelles vous cliquez, votre localisation, votre historique de recherche et bien plus encore.

Google tire également la grande majorité de ses revenus de la publicité. Il utilise un modèle similaire à celui de Facebook dans lequel les annonceurs peuvent cibler leurs annonces sur des groupes spécifiques de personnes en fonction de leurs intérêts, de leurs données démographiques et de leur localisation. Google vend également l'accès aux données des utilisateurs collectées à partir de ses différents services tels que Gmail, YouTube et Google Search. Toutes ces données sont utilisées pour créer des publicités ciblées qui vous sont présentées sous la forme de posts sponsorisés.

Le Web 2.0 a vu l'essor des Gafam basés sur vos données et votre temps. Le Web 3.0 verra l'émergence d'un nouveau type d'entreprises fondées sur les données et l'attention des utilisateurs. Ces entreprises éthiques utiliseront la technologie blockchain pour créer des plateformes décentralisées, transparentes et sécurisées. Elles donneront aux utilisateurs le contrôle de leurs données et de leur attention, et ils seront récompensés pour leurs contributions par des jetons. Ce nouveau modèle est souvent appelé « économie de l'attention » : il permettra aux utilisateurs de gagner des jetons en échange de leur attention et de leur participation. Ces jetons pourront ensuite être utilisés pour acheter des biens et des services sur la plateforme ou échangés contre d'autres cryptomonnaies, jetons ou devises. Ce modèle incite les plateformes à créer un contenu unique et précieux que les utilisateurs voudront consommer. Il offre également aux utilisateurs un moyen de monétiser leur attention et leur participation.

L'économie de l'attention n'en est qu'à ses débuts, mais il existe déjà un certain nombre de projets visant à mettre en œuvre ce modèle. L'un des plus connus est le jeton d'attention de base (BAT). BAT est une cryptomonnaie qui est utilisée pour alimenter le navigateur Brave, axé sur la confidentialité, qui bloque les publicités et les trackers. Il permet également aux utilisateurs de gagner des BAT en regardant des publicités. Le jeton BAT peut ensuite être utilisé pour donner un pourboire aux créateurs de contenu ou pour acheter des biens et des services. L'adToken (ADT) est un autre projet visant à mettre en œuvre l'économie de l'attention. ADT est une cryptomonnaie utilisée pour alimenter la plateforme adChain, un réseau publicitaire décentralisé qui permet aux annonceurs de cibler des publicités sur des groupes spécifiques de personnes en fonction de leurs intérêts, de leur profil démographique et de leur localisation. Les annonceurs peuvent également utiliser l'ADT pour acheter et vendre des espaces publicitaires sur la plateforme adChain. L'adToken peut également être utilisé pour donner des pourboires aux créateurs de contenu ou pour acheter des biens et des services. La technologie blockchain est appelée à jouer un rôle important dans le Web 3.0. Si l'application la plus connue de la blockchain est la cryptomonnaie, comme dans les exemples mentionnés ci-dessus, les applications potentielles de la technologie blockchain sont bien plus vastes.

Une autre caractéristique importante du Web 3.0 est l'accent mis sur le bien collectif et les interactions sociales. Cela contraste avec la vision traditionnelle d'Internet comme un espace compétitif où les utilisateurs se concentrent sur l'autopromotion et le gain individuel. L'idée du Web 3.0 est que nous pouvons tous travailler ensemble pour améliorer l'univers numérique pour le bien commun, et ce, grâce à la décentralisation. La création d'organisations autonomes décentralisées (DAO) en est un exemple. Fonctionnant sur la blockchain, une DAO est une organisation décentralisée qui est détenue et gérée par ses membres. Les membres d'une DAO peuvent consacrer leur temps, leur argent ou d'autres ressources à l'organisation et sont récompensés par des jetons. Ce modèle permet aux organisations d'être gérées sans autorité centrale et donne aux utilisateurs un moyen de gagner des récompenses pour leurs contributions. Certains aspects d'une DAO peuvent être gérés par un code plutôt que par des humains. Cela les rend transparentes, décentralisées et plus efficaces que les organisations traditionnelles. Dans le métavers, ce changement pourrait donner lieu à des expériences plus collaboratives qui profiteraient à tous les utilisateurs. MetaCartel est un exemple de DAO qui s'est engagée à financer et à développer des projets qui amélioreront le métavers.

Un Web plus intelligent et innovant

Enfin, une autre caractéristique clé du Web 3.0 est l'utilisation de l'intelligence artificielle (IA). Cette technologie peut être utilisée pour créer des expériences plus personnalisées et pour prendre de meilleures décisions sur la façon de connecter différents appareils et systèmes. Par exemple, l'IA pourrait être utilisée pour vous recommander des produits ou des services en fonction de votre comportement et habitudes. Elle pourrait aussi être utilisée pour acheminer le trafic plus efficacement en comprenant comment les gens utilisent le réseau.

Les technologies Web 3.0 auront un impact majeur sur le métavers et sur la façon dont nous interagissons avec le monde numérique. L'utilisation des technologies du Web sémantique et la décentralisation permettront aux utilisateurs de vivre une expérience plus transparente et interconnectée, tandis que le concept de souveraineté identitaire donnera aux utilisateurs un plus grand contrôle sur leurs données personnelles. Ces changements sont susceptibles d'aboutir à une expérience du métavers plus immersive et plus réaliste pour tous.

Comme nous l'avons vu précédemment, le métavers peut se développer sans l'évolution du Web vers des technologies décentralisées. Cela étant dit, les technologies du Web 3.0 ont le potentiel d'améliorer considérablement l'expérience du métavers pour les utilisateurs. Le Web 3.0, tel que décrit ci-dessus, est un ensemble d'idéologies et de technologies qui se concentrent sur l'expérience de l'utilisateur en mettant l'accent sur la transparence, la décentralisation, le contrôle des données de l'utilisateur, la propriété des actifs numériques, la portabilité de la richesse numérique, les interactions sociales et le bien collectif. L'avènement de ce nouveau monde Web décentralisé implique qu'un métavers peut être considéré comme plus fiable et plus résilient. En connectant leurs portefeuilles Web 3.0, les utilisateurs possèdent et contrôlent leurs avatars ainsi que tous les actifs numériques qu'ils créent ou acquièrent au sein du métavers. Pour la première fois dans l'histoire du Web, un utilisateur est véritablement propriétaire de ses actifs numériques et les contrôle.

Un portefeuille Web 3.0 est une identité numérique basée sur le grand livre public décentralisé de la blockchain. Il est sécurisé par cryptographie, ce qui signifie qu'il ne peut pas être piraté, et permet à l'utilisateur d'envoyer et de recevoir des actifs numériques sans avoir recours à un tiers central tel qu'une banque ou une Bourse. C'est l'épine dorsale du nouveau Web et avec elle vient une nouvelle façon de penser à la façon dont l'Internet peut être utilisé. La technologie blockchain offre une source unique de vérité universelle, publique et permanente. Cela permet aux utilisateurs d'avoir une plus grande confiance dans le métavers, car ils seraient en mesure de vérifier l'authenticité des actifs numériques sans avoir besoin d'un tiers de confiance centralisé. Les utilisateurs peuvent ainsi échanger des actifs numériques avec moins de friction, moins de frais et plus de confiance.

Les technologies Web 3.0 visent à décentraliser, soit redonner le pouvoir et le contrôle de leurs données aux utilisateurs. Pour cela, il ne suffit pas de posséder ses données et ses actifs numériques. Cela doit également se produire au niveau de la plateforme. Pour que le métavers soit véritablement décentralisé, ses utilisateurs doivent être à la fois propriétaires et maîtres des mondes virtuels qu'ils contribuent à créer. Les organisations autonomes décentralisées (DAO) rendent cela possible en encodant les règles sous forme de contrats intelligents sur la blockchain. Bien qu'elles ne soient pas sans défauts, les DAO s'imposent progressivement comme des piliers essentiels du métavers, comme nous le verrons dans le chapitre concernant le PlayToEarn. En effet, les DAO ne garantissent aucun point central de défaillance et sont moins vulnérables aux attaques ou à la censure.

Les contrats intelligents, qui sont des codes de programmation conditionnels résidant sur les blockchains, pourraient être utilisés pour créer une utilité en facilitant des interactions et des expériences plus complexes dans le métavers. Par exemple, un code pourrait être écrit pour permettre aux utilisateurs de gagner un revenu grâce à leurs contributions au métavers. Des contributions comme la correction de bugs, la création de contenu, de services ou la création de nouvelles fonctionnalités. Les contrats intelligents pourraient également être utilisés pour permettre à un utilisateur de louer ses actifs numériques en échange d'un loyer, comme nous pouvons déjà le voir dans un jeu comme *The Sandbox*. Les termes du contrat seraient codés en dur dans la blockchain et son exécution serait transparente pour toutes les parties, créant ainsi un environnement de confiance propice aux échanges.

En résumé, les technologies du Web 3.0 ont le potentiel d'améliorer considérablement l'expérience du métavers en le rendant plus fiable, plus résistant et plus convivial. Redonner le pouvoir des actifs et des données numériques aux utilisateurs est au cœur de l'impact du Web 3.0 sur le métavers. Bien que certaines de ces technologies soient encore en cours de développement ou en attente d'une adoption massive, l'impact potentiel qu'elles pourraient avoir sur le métavers est significatif.

Qu'en est-il de l'après le Web 3.0 ? Nous pouvons déjà évoquer le Web 4.0 qui aura pour objectif de connecter le réel et le virtuel, de faciliter les interactions entre utilisateurs et objets, de favoriser l'intelligence collective et l'innovation. Le Web 4.0 s'inscrira dans un contexte où l'intelligence artificielle (IA), l'apprentissage automatique, l'Internet des objets et la réalité augmentée et virtuelle, notamment, deviendront de plus en plus sophistiqués et intégrés à notre quotidien. Ce n'est que le début d'un monde dans lequel le numérique et le physique fusionneront. Ce Web de quatrième génération, dit « intelligent », tendra à être plus direct, invisible, omniprésent et ubiquitaire, puisqu'il sera en symbiose avec les objets connectés de l'environnement de l'utilisateur. Ces objets et ce Web comprendront de mieux en mieux le langage humain et seront capables d'analyser le comportement de l'utilisateur afin de répondre à ses besoins, parfois même sans son intervention et sans qu'il ait besoin de passer par un écran numérique. Ce Web est donc un élément clé de ce que l'on appelle la virtualisation du monde ou révolution « phygitale » (fusion de « physique » et de « numérique ») dans laquelle les êtres humains et les ordinateurs interagiront avec une fluidité croissante. Cela est encore plus vrai avec l'avènement de l'intelligence artificielle générative, ou prompt engineering, qui permet à tout un chacun de créer à partir d'une invitation. Certains évoquent déjà l'idée d'un Web 5.0, qui se voudrait symbiotique, télépathique, sensoriel et émotionnel. Un Web que l'on peut en quelque sorte concevoir comme l'aboutissement du 4.0, voire l'aboutissement du Web lui-même puisqu'il est en symbiose totale avec l'utilisateur… Pour l'instant, cette cinquième version reste du domaine de la science-fiction, tout comme le métavers il y a à peine quelques années.

Chapitre 5

Les cas d'utilisation du métavers

« Si une entreprise prend le contrôle [du métavers], elle deviendra plus puissante que n'importe quel gouvernement et sera un Dieu sur Terre. »

Tim Sweeney

Les perturbations potentielles que risque de nous apporter le métavers sont vastes et profondes. Tous les secteurs seront touchés d'une manière ou d'une autre. Certaines industries seront impactées plus que d'autres et certaines, comme l'industrie du jeu vidéo, sont naturellement les premières à adopter cette technologie. L'industrie du jeu a une longue histoire d'adoption des nouvelles technologies et a l'habitude de rapidement se les approprier. Cela a donné naissance à certains des jeux les plus immersifs et les plus populaires au monde. Le secteur du commerce électronique est également susceptible de suivre rapidement la transformation opérée par le métavers. Les acheteurs en ligne sont déjà habitués à acheter des biens et des services dans le monde entier avec une livraison pour le lendemain. Grâce au métavers, ils pourront le faire encore plus facilement sans quitter leur espace de jeu. Le secteur du spectacle est un autre secteur qui sera fortement touché par le métavers, les artistes seront en mesure de créer facilement des événements immersifs et virtuels pour un public sans frontières. Les secteurs de l'éducation, de la mode, du fitness, de la banque, de l'immobilier, de la fabrication, du tourisme et des services de santé, pour n'en citer que quelques-uns, sont tous susceptibles d'être impactés par le métavers. Chacune de ces industries devra trouver des moyens de s'adapter si elle veut rester pertinente dans un monde qui s'inscrit davantage dans le virtuel ou le métavers.

Les industries du transport et du commerce de gros sont également susceptibles d'être bousculées par le métavers. La possibilité de se téléporter en temps réel n'importe où dans le monde changera radicalement le mode de fonctionnement de ces industries. Comme vous pouvez le constater, les perturbations potentielles du métavers sont vastes et profondes, et la plupart nous échappent encore. Chaque industrie sera affectée d'une manière ou d'une autre et il est important de prêter attention à cette révolution au moment où elle se produit, c'est-à-dire maintenant, car elle aura un impact profond sur notre monde et son devenir.

L'impact du métavers sur l'industrie du jeu vidéo est abordé dans de nombreux chapitres de ce livre. Comme il s'agit des premiers utilisateurs naturels de cette technologie, il est facile de trouver des études de cas et des exemples. Pour ces raisons, dans ce chapitre, nous allons explorer quelques cas de figure pour qui le métavers aura un impact significatif au fur et à mesure de l'évolution de la technologie, mais cette liste est loin d'être exhaustive, analyser chaque cas potentiel pourrait faire l'objet d'un livre à lui seul.

Espace de bureau numérique, incubation virtuelle

Le métavers ouvre un monde de possibilités en ce qui concerne les bureaux virtuels à distance et les espaces de bureau numériques. Nous avons assisté à des changements spectaculaires dans l'espace de travail au cours des deux dernières années, notamment après les impacts de la pandémie mondiale de 2020. Une grande partie des employés dans le monde ont eu la possibilité de travailler à domicile. Mais même si le travail à distance offre de multiples avantages, il est également confronté à un défi majeur : la connectivité.

Le métavers pourrait potentiellement résoudre ce problème en offrant une solution pour la collaboration virtuelle dans les salles de travail, les activités de consolidation d'équipe, les réunions virtuelles, etc. En utilisant des avatars numériques, les employés pourraient participer à des événements et des réunions de travail virtuels, visiter des bureaux d'assistance virtuels et communiquer avec leurs collègues et leurs responsables.

L'accès à un univers virtuel permet aux entreprises de faire beaucoup plus, comme la formation et l'accueil. Par exemple, le groupe BMW a déjà exploré cette option en utilisant Omniverse de NVIDIA (une plateforme collaborative de *métavers* en 3D) pour concevoir une future usine numérique afin de former et de connecter à distance ses employés. Au DigiHub, incubateur accélérateur au Québec, nous avons mis en place un métavers qui permet de se déplacer dans l'espace de coworking et de rencontrer divers avatars, dont celui de Philippe ; son jumeau numérique infatigable qui vous permettra de créer la feuille de route de votre future start-up.

Éducation

Grâce à des casques de réalité virtuelle, les élèves et les enseignants peuvent se connecter dans le monde numérique, quel que soit l'endroit où ils se trouvent dans le monde physique. C'est alors qu'apparaît le potentiel visuel d'une classe dans le métavers. Dans un cadre immersif 3D, l'enseignant peut discuter des découvertes avec la classe et en faire la démonstration aux élèves. Sur la base de leurs idées de cours, les éducateurs peuvent construire des paysages virtuels. La réalité virtuelle peut améliorer les approches pédagogiques traditionnelles en classe en permettant aux élèves d'explorer des sites historiques ou de réaliser des expériences risquées dans un cadre sécurisé. La technologie des métavers peut également modifier l'approche de l'apprentissage et de l'éducation en créant de nouvelles opportunités. Bien que l'apprentissage en ligne soit déjà un concept populaire, la réalité virtuelle peut faire passer l'expérience d'apprentissage à un tout autre niveau. Le métavers peut offrir aux utilisateurs la possibilité d'expérimenter pleinement de nouveaux concepts et activités plutôt que de simplement les apprendre en théorie.

Grâce à des assimilations de connaissances intenses et de haute qualité par rapport à la méthodologie d'apprentissage standard en classe, le métavers devrait transformer la manière dont nous acquérons et percevons les nouvelles informations. À l'avenir, nous pourrions même être en mesure d'éliminer la barrière de la langue à l'aide de traducteurs avancés d'IA qui permettraient à des personnes d'espace linguistique différent d'apprendre ensemble dans un seul et unique environnement virtuel.

Tourisme virtuel

Le tourisme virtuel fait également partie des cas d'utilisation émergents du métavers. Visiter différents pays et de nouveaux lieux devient un défi en période d'incertitudes mondiales, de pandémies ou d'instabilité financière. Le métavers serait donc une bonne alternative pour celles et ceux qui souhaitent voyager sans quitter leur domicile, avec quelques options en plus, comme visiter un endroit selon une époque précise ou avec un guide particulier.

Pour les autres, ceux qui ont encore le goût du trajet en avion, une partie non négligeable d'un voyage se passe avant le départ. Il est toujours intéressant d'évaluer notre intérêt pour un hôtel ou un lieu touristique quelconque et si les deux se retrouvent déjà dans le métavers, alors cela peut vous conforter dans l'idée d'aller à cet endroit-là ou pas. Dans le secteur du voyage, les experts affirment que le métavers est une percée dans les expériences numériques immersives via la RA et la RV.

Des projets de ce type ont déjà commencé à prendre forme. Par exemple, la Corée du Sud prévoit d'investir 186,7 millions de dollars dans la création d'un écosystème métavers, Séoul ayant été choisie comme première ville à intégrer l'espace virtuel. Un autre exemple est la création d'Ariva Wonderland – un métavers de voyage qui permet aux voyageurs virtuels de faire des visites immersives de destinations populaires comme la tour Eiffel, la Statue de la Liberté, les pyramides d'Égypte et bien d'autres.

Mode virtuelle

La mode est un autre domaine qui tire parti des possibilités offertes par le métavers. L'industrie de la mode explore le potentiel du monde virtuel et de la technologie des métavers en permettant aux utilisateurs d'acheter des tenues exclusives d'éminentes maisons de couture dans l'espace virtuel. Un exemple est Gucci et sa création du métavers Design sur Roblox. Les utilisateurs montrent déjà leur intérêt pour ce que le créateur de mode propose sur le métavers, avec l'exemple d'un sac Gucci virtuel acheté pour 4000 dollars.

Caroline Rush, PDG du British Fashion Council, a adressé un message clair aux marques de mode du monde entier dans un article qui a été publié sur Forbes : « Ne restez pas les bras croisés en pensant que ce n'est pas pour moi[26]. » Caroline Rush a estimé qu'à l'avenir, 10 à 15 % de nos garde-robes pourraient devenir numériques. Avec un marché mondial de l'habillement de 1 500 milliards de dollars selon Statista, les perspectives de la mode numérique pourraient être très importantes si cette prédiction se réalise.

S'il peut être difficile d'imaginer que 10 à 15 % de nos garde-robes deviennent des articles numériques destinés à être utilisés dans le métavers, plusieurs raisons convaincantes expliquent l'intérêt croissant pour la mode numérique. Tout d'abord, avec une compréhension croissante de l'impact dévastateur de la surproduction dans l'industrie de la mode, l'achat de styles numériques pourrait contribuer à réduire les déchets et la surconsommation. Leanne Elliott Young, PDG de l'Institute of Digital Fashion, a également souligné les possibilités d'utilisation de la mode numérique comme moyen pour les créateurs d'obtenir des réactions précoces aux ventes des nouvelles collections, avant même la création du produit physique[27].

Alors que de nombreuses marques sont toujours confrontées à des problèmes de production et de chaîne d'approvisionnement à la suite de la pandémie, la mode numérique pourrait également leur permettre de proposer davantage de nouvelles idées et de lancements passionnants à leur base de fans, beaucoup plus rapidement et facilement qu'en s'appuyant sur la production de vêtements.

La clé de la mode numérique, comme de toutes nouvelles technologies, est de créer une approche intégrée sur toutes les plateformes, en créant une expérience uniforme pour le client à travers les points de contact numériques et physiques. Ou, selon Leanne Elliott Young : « l'URL et l'IRL doivent travailler à l'unisson[28]. »

---

26. Catherine Erdly, « Fashion Embraces the Metaverse: Will 15% of our Wardrobe Become Digital? » , *Forbes*, 6 mars 2022.
27. *Ibid.*
28. Jasmeen Dugal, « How sustainable is metaverse fashion? », Fashionabc, 27 mai 2022.

Immobilier virtuel

Les biens immobiliers virtuels font partie des caractéristiques essentielles du métavers. Être propriétaire d'un lopin de terre dans le métavers est de plus en plus populaire. La valeur des biens immobiliers virtuels fluctue en fonction de la demande, mais elle affiche jusqu'à présent une trajectoire ascendante. Lorsque Decentraland a organisé sa première vente aux enchères en 2017, une parcelle de terrain ne coûtait que 20 dollars. En 2021, elles se vendaient 6000 dollars et, au début de 2022, leur prix est passé à environ 15000 dollars.

Avec l'intérêt croissant pour l'immobilier virtuel, le prix potentiel d'une propriété dans le métavers semble ne pas avoir de limite. Si le prix de la plupart des propriétés se situe entre 6000 et 100000 dollars, des excès peuvent se produire. Ainsi, l'une des plus grosses ventes dans *The Sandbox* a été l'achat d'une propriété adjacente à la parcelle de Snoop Dogg pour 450000 dollars. Espérons qu'il n'est pas un voisin trop bruyant !

Le métavers propose des biens immobiliers de différentes formes, surfaces, localisations et prix. Avec les biens immobiliers du monde réel, la surface, l'emplacement et l'utilité sont tous des facteurs importants. Dans le métavers, l'objectif de l'achat d'un terrain est de le développer ou de le louer. La taille et l'emplacement sont donc prioritaires, tandis que l'utilité est reléguée au second plan. Il peut servir de plateforme pour des activités du monde réel, comme des salons professionnels, des expositions, des mariages et autres rassemblements sociaux.

À l'heure actuelle, l'immobilier virtuel dans le métavers semble être un excellent investissement. Les prix ayant augmenté de 300 % en quatre ans seulement, il y a certains risques à considérer. Il s'agit d'une entité relativement nouvelle et il est difficile de dire quel sera le succès de certaines plateformes sur le long terme. La confidentialité et la sécurité peuvent également jouer un rôle dans les pertes subies. Le meilleur conseil est peut-être de procéder avec prudence.

Parlons aussi de l'immobilier traditionnel qui trouve aussi sa place dans le métavers, c'est ce que propose la start-up Versity.io, que nous avons eu le plaisir de découvrir lors du CES 2023 de Vegas, ou plutôt « le premier métavers dédié à l'immobilier et au cycle de vie du logement, au service des professionnels, des investisseurs et des particuliers », car ici ce n'est pas ici de l'immobilier virtuel qui est à vendre ou à louer, mais des logements bien réels qui sont virtualisés et propulsés dans un métavers dédié.

Secteur bancaire

Cela peut sembler très futuriste, mais dans ce monde de plus en plus virtuel, les institutions financières commencent à réfléchir à leur place dans le métavers. Quoi qu'ils y fassent, les utilisateurs de la plupart des métavers auront besoin de services financiers pour effectuer des transactions et posséder ou louer des actifs numériques. Il existe d'énormes possibilités pour les institutions financières de faciliter les transactions, les prêts, les investissements et les assurances dans la nouvelle économie du métavers. Par exemple, JP Morgan a déjà acheté un espace commercial sur Decentraland et la HSBC a acquis un terrain sur *The Sandbox*. Ces banques, et elles ne sont pas les seules, considèrent que la technologie du métavers est très prometteuse et ont déjà réalisé des investissements pour s'assurer un avantage concurrentiel à l'avenir.

Le métavers va créer de nouvelles perspectives dans le développement de produits numériques pour les banques et les institutions financières. Les produits associés au métavers, tels que les jetons non fongibles (NFT), les cryptomonnaies et les biens virtuels, obtiennent une reconnaissance mondiale. La croissance du métavers dépendra de manière significative de la mise en œuvre de biens immobiliers virtuels et de NFT, mais les banques y investissent aussi pour améliorer leur image de marque et attirer de nouveaux clients issus de la jeune génération.

Concerts et événements virtuels

L'industrie musicale évolue également dans l'espace virtuel, les concerts virtuels devenant populaires dans les projets de type métavers. Par exemple, le Metaverse Music Festival de Decentraland, qui s'est déroulé du 10 au 13 novembre 2022, a produit plus de 180 artistes musicaux dont Björk, Dillon Francis, Soulja Boy, Izzy Bizu, Megadeth et bien d'autres encore. Ce festival accueille aussi l'OzzFest, l'emblématique festival de métal itinérant lancé par Ozzy et Sharon Osbourne, avec : Ozzy Osbourne,

Megadeth, Motörhead, Black Label Society, The Raven Age, Skid Row et Britof – devenant ainsi le premier festival métal de l'histoire de la musique à avoir lieu également dans le métavers.

En novembre 2022, David Guetta annonçait le lancement d'un nouveau label, Future Rave, qui proposera des expériences de divertissement et de concert, des forums en libre accès, divers NFT et des outils de création qui animeront une communauté d'amateurs de musique au sein du métavers. Grâce à AlphaVerse, Future Rave exploitera la blockchain pour créer des expériences innovantes autour de la musique et soutenir le développement de nouveaux sons et l'émergence de nouveaux artistes. L'un de ses objectifs majeurs sera d'identifier de nouveaux artistes qui pourront partager leurs titres au sein de la communauté, et ce métavers contiendra des titres inédits et exclusifs.

Même Jean-Michel Jarre se prépare, à 73 ans, à entrer dans le métavers en s'associant à la société détenue par le milliardaire russe Mikhaïl Dmitrievitch Prokhorov, Sensorium Corporation, qui construit un métavers numérique appelé Sensorium Galaxy : « Le métavers et la RV [réalité virtuelle] me font penser aux débuts du cinéma, comme les Frères Lumière », a déclaré Jean-Michel Jarre à Euronews Next[29].

Mariages virtuels

Certains auront peut-être du mal à le croire, mais les mariages dans le métavers sont également en train de devenir une réalité. De nos jours, se marier dans le monde réel est un luxe coûteux qui peut souvent être limité par de nombreux facteurs tels que le temps, le lieu, etc. Les métavers permettent désormais aux gens de se marier dans une réalité virtuelle où ils n'ont même pas besoin d'être dans la même pièce pendant la cérémonie ou la fête. Le tout premier mariage dans le métavers a eu lieu dans *The Sandbox* le 17 septembre 2022, mais le concept n'est pas encore très répandu. Les mariages dans le métavers ne sont actuellement pas juridiquement contraignants, mais ils sont reconnaissables grâce aux certificats de métamariage.

29. Pascale Davies, « Jean-Michel Jarre enters the metaverse and says why we shouldn't be afraid of a 'dystopian future' », Euronews Next, 18 novembre 2021.

Usines et fabrication

Les industries peuvent utiliser le métavers pour construire une usine virtuelle dans le secteur de la fabrication. Les industries seraient en mesure de voir l'ensemble de leur chaîne de production du début à la fin et d'apporter des modifications en temps réel. En outre, cela permettrait aux entreprises de former les nouveaux employés sans qu'ils soient physiquement présents sur la chaîne de montage.

En outre, les entreprises pourraient utiliser le métavers pour créer une vitrine en ligne pour leurs produits. Les clients pourraient ainsi inspecter les produits, voir comment les produits sont fabriqués et se faire une idée de leur fonctionnement avant d'effectuer un achat. Finalement, le secteur industriel pourrait bénéficier de l'utilisation du métavers pour créer un marché virtuel où les entreprises pourraient échanger des biens et des services. Cela aiderait les entreprises à étendre leurs marchés et à améliorer leurs résultats.

Soins de santé et hôpitaux

Un autre secteur que métavers aurait le potentiel de révolutionner est celui de la santé. L'utilisation du métavers dans ce secteur peut accélérer l'innovation en améliorant la collaboration et la communication entre les différentes entités. Par exemple, les médecins pourraient communiquer en toute sécurité des informations sur les patients et des dossiers médicaux avec d'autres médecins, des chercheurs et des entreprises pharmaceutiques dans le métavers. Cela rendrait l'échange d'informations plus efficace et accélérerait peut-être la création de thérapies et de traitements innovants.

Les hôpitaux et les centres de soins deviennent des lieux d'utilisation où les technologies RA/RV peuvent grandement améliorer les niveaux de soins fournis à leurs patients grâce à des expériences immersives qui sortent les résidents de leur environnement immédiat. Des surfaces haptiques avancées peuvent permettre des interactions physiques thérapeutiques pour des patients qui seraient autrement isolés. Pour aller plus loin, les soignants à distance peuvent interagir directement avec les patients, à la fois sous forme d'avatars et par le biais d'équipements téléopérés, ce qui améliore considérablement la qualité de vie.

Les traitements numériques gagnent déjà en popularité dans le métavers où les technologies de RV et de RA permettent des applications telles que la thérapie cognitive, les groupes de soutien, les évaluations psychiatriques, la réadaptation et même la thérapie physique à l'aide de capteurs haptiques.

Le métavers devrait être un outil utile pour réaliser des procédures chirurgicales difficiles et améliorer les soins aux patients. Les interventions chirurgicales complexes intégreront bientôt la réalité augmentée, tout comme les procédures chirurgicales utilisent la robotique. De même, pour un diagnostic efficace, il faudra utiliser des technologies comme les lunettes intelligentes. En conclusion, l'application du métavers au secteur des soins de santé a le potentiel de transformer la façon dont le traitement est fourni et même de sauver des vies.

Fitness

Dans la croissance exponentielle que connaît le métavers, le fitness est un domaine qui ne reste pas en marge des innovations. Fight Out est un projet qui se démarque en ayant réussi à attirer l'attention des amateurs de santé. Il repose sur une plateforme blockchain innovante qui utilise un mécanisme de *move-to-earn* (se bouger pour gagner, en français) pour offrir des améliorations tangibles par rapport aux modèles précédents.

Fight Out pourrait devenir la première application de fitness en cryptomonnaie à se généraliser, si tout se déroule selon les plans des développeurs. Cela permettrait aux utilisateurs de varier leur expérience d'entraînement, de s'entraîner dans des lieux virtuels inspirants et d'interagir avec d'autres personnes dans le métavers en utilisant des jetons NFT pour améliorer leur expérience.

La réalité virtuelle est également de plus en plus utilisée dans les salles de sport traditionnelles. Les Mills, par exemple, a intégré des casques Oculus Quest dans ses cours de boxe, permettant aux utilisateurs de s'immerger dans des environnements virtuels tout en se maintenant en forme. Ces avancées permettent aux utilisateurs de varier leur expérience d'entraînement, de s'entraîner dans des lieux virtuels inspirants et d'interagir avec d'autres personnes dans le métavers. Les scénarios réalistes proposés par la réalité virtuelle, comme être poursuivi par une horde de

T-Rex affamés, peuvent ajouter un véritable défi et une motivation supplémentaire pour accélérer votre vitesse de course. Partager ces expériences sportives hors normes en temps réel avec d'autres utilisateurs peut également être bénéfique pour votre santé. Courir dans la jungle, sur le versant abrupt d'un volcan ou dans un désert brûlant vous permet de sortir de votre routine habituelle et de découvrir de nouveaux défis pour votre corps et votre esprit.

Chapitre 6

PlayToEarn : les jeux blockchain

« Je sais que ce steak n'existe pas. Je sais que lorsque je le mets dans ma bouche, c'est la matrice qui dit à mon esprit que ce steak est saignant et délicieux. Au bout de neuf ans, vous savez ce que j'ai compris ? Les ignorants sont bénis. »

Matrix, Lana et Lilly Wachowski

Ce n'est pas nouveau que des jeux vidéo permettent de gagner de l'argent réel, rappelez-vous *Second Life*, ce jeu de rôle en ligne qui a vu le jour en 2003 et qui, depuis presque 20 ans, intègre un système économique éprouvé permettant à ses abonnés de créer du contenu ou de gérer des propriétés virtuelles contre des Linden Dollars (L$), la monnaie officielle du jeu. Évoquons aussi *Entropia Universe* qui base également son économie sur de l'argent réel avec sa monnaie maison, le PED (*project entropia dollars*) et qui dispose d'un taux de change fixe avec le dollar américain (ainsi, 10 PED valent 1 $). Sans intermédiaire, les PED sont directement transférés sur votre compte en banque classique, ce qui est un véritable avantage.

De même, comment ne pas évoquer le phénomène du Gold Farming dans les jeux de types MMORPG (*massively multiplayer online role-playing game* ou, en français, jeu de rôle massivement multijoueur en ligne) ?, une pratique consistant à rassembler une grande quantité de monnaie en jeu – la plupart du temps par le biais de programmes de robots qui répètent des actions pour maximiser le gain d'or ou par le biais de personnes employées pour l'exploitation de l'or –, puis à vendre cet or auprès d'autres joueurs contre de l'argent réel. Cette pratique a été interdite par les développeurs de la plupart des MMO comme World of Warcraft, Guild Wars, Dark Age of Camelot, Everquest et bien d'autres, car elle donnait un avantage injuste à certains joueurs au détriment de ceux qui jouaient sans mettre de l'argent en jeu. Aujourd'hui, avec l'avènement des jeux blockchain, appelés aussi PlayToEarn, Play2Earn, P2E, NFTGame ou encore GameFi (combinaison de « *gaming* » et de « finance décentralisée »), les joueurs pourront se divertir, acheter des objets, des propriétés virtuelles et faire fructifier leurs biens avec l'espoir de gagner des jetons, des cryptomonnaies ou des jetons non fongibles (NFT).

Jusqu'à récemment, beaucoup considéraient les jeux vidéo comme une activité de niche à laquelle s'adonnaient principalement les enfants et les adolescents. Aujourd'hui, plus de 40 % de la population mondiale (soit près de 3,2 milliards de personnes) joue et la popularité croissante du métavers ne fera qu'accroître leur attrait[30]. Les mondes virtuels ont également pris de l'ampleur et ont évolué pour devenir les gigantesques plateformes que nous connaissons aujourd'hui.

Ces jeux d'un nouveau genre permettent aux joueurs de gagner et de posséder pour de vrai des actifs numériques qu'ils peuvent ensuite revendre en dehors du jeu, à leur discrétion. Pour que ces joueurs consacrent beaucoup de temps, d'attention et d'investissement personnel dans les jeux proposés, il est essentiel qu'ils aient confiance dans la solidité économique et la pérennité du jeu choisi, et cela est rendu possible avec la technologie blockchain qui, grâce à la cryptographie, à son registre infalsifiable et tous ses autres avantages, peut garantir la confiance numérique et le stockage décentralisé de la valeur.

Les jeux de type PlayToEarn s'appuient donc sur la technologie blockchain, notamment sous la forme de jetons non fongibles comme base de la création de valeur. Ces NFT peuvent prendre de nombreuses formes dans un métavers, comme des objets, des terrains, des avatars avec une garde-robe numérique, etc. Les personnes gagnent des objets précieux ou uniques via des programmes de fidélité, ou encore en participant à des quêtes diverses dans le jeu. Ces gains peuvent être vendus contre de l'argent réel, librement, sans dépendre de l'autorisation ou des règles des éditeurs ou autres tiers, juste l'offre et la demande.

30. Statista, « Number of video game users worldwide from 2017 to 2027 », novembre 2022.

Aujourd'hui, nous n'envoyons plus de caravelles explorer de nouveaux mondes par-delà les océans, l'aventure de notre génération consistera sans doute à devenir pionnier de ces nouveaux royaumes virtuels, un exercice parfois périlleux, mais qui, pour les plus audacieux, pourrait générer d'importants retours financiers ; beaucoup de ces conquistadors d'un nouvel âge, et c'est paradoxal, sont issus de régions et pays émergents qui ont su saisir rapidement les opportunités qui s'offraient à eux.

Pour les joueurs eux-mêmes, le modèle PlayToEarn représente un nouveau moyen flexible de gagner de l'argent. Bien qu'encore limité et de niche, ce modèle pourrait redéfinir bien plus que l'industrie traditionnelle des jeux vidéo. En effet, il a clairement le potentiel de changer beaucoup de choses, car avec son écosystème décentralisé, il permet un système financier autosouverain, une économie ouverte des créateurs de contenu, l'accès à une propriété numérique universelle, génératrice d'une forte création de valeur. Ce sont les prémices économiques du futur métavers décentralisé.

Les jeux basés sur la blockchain existent depuis 2017 environ, le pionnier étant *CryptoKitties* et ses créatures félines à élever et à collectionner, suivi en 2018 par *Axie Infinity*, un jeu permettant d'acheter des Axies, petites créatures féroces aimant se battre, construire et chasser des trésors. *Axie Infinity* est passé de 4 000 à 2 millions d'utilisateurs actifs quotidiens en quelques mois, un succès impressionnant qui a certainement contribué à l'essor du modèle PlayToEarn tel que nous le connaissons aujourd'hui. Nous ne dresserons pas une liste exhaustive des jeux PlayToEarn du moment, ce classement étant très fluctuant, nous vous parlerons donc essentiellement des dix jeux les plus populaires actuellement et ceux en développement, au potentiel fort, et que nous avons pu tester lors de différents salons ou en démo virtuelles.

The Sandbox

Principe

The Sandbox a été lancé pour la première fois en 2011 sous la forme d'un jeu mobile. Il s'est installé dans l'écosystème blockchain en 2018 pour offrir aux joueurs la possibilité de créer et de posséder des NFT. Il s'agit d'un univers virtuel en 3D basé sur la blockchain Ethereum et Binance où les joueurs peuvent acheter des parcelles de terrain parmi un choix de 166464 parcelles environ. Le jeu offre à tous les utilisateurs la possibilité de concevoir des personnages, de créer du contenu et de gagner des jetons SAND lorsqu'ils accomplissent des quêtes. Mais pour démarrer dans cet univers, vous devez préalablement posséder un terrain. Les parcelles sont une zone où les propriétaires peuvent construire, développer des jeux et d'autres actifs, et transformer ces derniers en profits. Les utilisateurs peuvent combiner plusieurs parcelles pour construire un domaine. Ils peuvent également façonner un quartier dans son entièreté. Les propriétaires de parcelles ont également l'opportunité de les louer à d'autres personnes.

Comment gagner de l'argent dans The Sandbox ?

Créer des jeux

Tout le monde peut créer des jeux 3D gratuitement, sans aucun codage préalable ou autre compétence requise. Après avoir installé l'application, il suffit d'ajouter à votre jeu des actifs numériques de type NFT créés au préalable avec VoxEdit, l'outil de création de NFT de *The Sandbox*. Une fois le jeu créé, il vous suffira de l'importer sur vos terres et d'inviter les joueurs à le découvrir et à y jouer. Vous pourrez alors monétiser votre jeu auprès d'autres joueurs.

Créer des actifs numériques

Pour cette partie, *The Sandbox* vous permettra aussi très facilement de créer et commercialiser des objets numériques sur la place de marché et d'en obtenir des $SAND. Si vous êtes un créateur de contenu, vous ferez des bénéfices intéressants en vendant des biens numériques sur la plateforme. Voici les étapes à suivre y parvenir (ces étapes sont détaillées au chapitre 9) :

1. Installez et exécutez VoxEdit (PC ou MAC).
2. Créez un actif NFT.
3. Exportez votre création vers le marché.

Et voilà, votre NFT est désormais disponible à la vente sur la place de marché.

Louer vos biens immobiliers

L'achat d'un terrain dans le *The Sandbox* est un vrai investissement. Vous pouvez le louer et ainsi gagner de l'argent grâce à cette location. Pour ce faire, vous devez le rendre disponible à la location.

La meilleure façon de procéder est d'acheter du contenu numérique sur une place de marché et de le placer sur votre terrain pour le rendre plus attrayant. Et si vous parvenez à vos fins, vous gagnerez une prime sur la location.

Vendre votre propriété virtuelle

Nous devons mentionner qu'il n'est pas facile d'acheter un terrain dans *The Sandbox*. Vous devez suivre le processus de vente, qui a lieu sur le site officiel à des dates précises. Si vous avez la chance de trouver la perle rare, vous aurez aussi l'opportunité de la revendre plus tard, avec un joli bénéfice à la clé.

Investir dans le SAND

Le jeton de *The Sandbox*, SAND, est l'un des meilleurs jetons cryptographiques du métavers. Bien qu'il ait connu quelques fluctuations conjoncturelles, son prix devrait repartir à la hausse, mais gardez à l'esprit qu'il n'y a aucune certitude, il faut donc rester prudent.

Vous le voyez, il existe différentes façons de gagner de l'argent dans *The Sandbox*. L'idée principale étant de créer du contenu attractif afin de le louer ou le vendre. Que vous soyez artiste ou concepteur de jeu en herbe, vous pourrez très facilement tirer des revenus de création, d'autant plus si vous avez la chance d'être propriétaire d'une ou de plusieurs parcelles.

The Sandbox n'attire d'ailleurs pas que des particuliers, les entreprises et industriels s'y intéressent aussi pour diverses raisons. Prenons pour exemple Renault, le constructeur automobile, qui vient de signer une entente de coopération avec *The Sandbox* afin de permettre des expériences automobiles dans le métavers[31].

---

31. Si le sujet vous intéresse, nous vous invitons à consulter cet article : Nirina, « Renault et The Sandbox coopèrent pour permettre une expérience métaverse sur automobiles virtuelles », Lebigdata.fr, 16 septembre 2022.

Axie Infinity

Principe

Axie Infinity est l'un des jeux les plus populaires du métavers, avec 2,8 millions d'utilisateurs actifs sur la plateforme et 4,2 milliards de dollars d'actifs échangés sur leur marché depuis leur lancement. *Axie Infinity*, développé par l'entreprise Sky Mavis, a plus d'utilisateurs actifs que n'importe quel autre jeu sur la blockchain Ethereum et génère en moyenne 1,5 million de dollars d'échanges par semaine. Dans l'esprit de *Pokémon*, le jeu est construit autour de jetons non fongibles (NFT) appelés Axies. Les Axies sont l'un des seuls types de NFT qui peuvent vous faire gagner de l'argent au-delà de la simple spéculation sur les prix. Mélangez et associez différents types de créatures afin de créer l'équipe parfaite pour affronter les autres joueurs. Vous pouvez élever vos Axies pour créer une descendance plus performante que vous pourrez alors ajouter à votre équipe ou vendre sur le marché.

L'écosystème fonctionne à partir de deux jetons natifs, Small Love Potion (SLP) et Axie Infinity Shard (AXS). AXS sera prochainement le jeton de gouvernance d'*Axie Infinity*, mais pour l'instant, il n'a que peu d'utilité en dehors de la reproduction d'Axies, ce qui en soi est déjà pas mal. Les joueurs gagnent du SLP en faisant combattre leurs créatures contre celles d'autres joueurs ou des adversaires contrôlés par l'IA. Au début du jeu, les récompenses en SLP sont faibles, mais elles augmentent graduellement à mesure que vous gagnez de l'expérience et que vous affrontez de meilleurs joueurs. Le jeu en lui-même est extrêmement simple et il n'est pas nécessairement l'attraction principale de l'écosystème *Axie Infinity*.

Comment gagner de l'argent avec Axie Infinity ?

Vous gagnez de l'argent dans le jeu par différents moyens. Cela dit, toutes ces méthodes ou presque nécessitent un certain investissement de départ. La meilleure façon d'obtenir des revenus dans ce jeu étant d'y jouer : vous devez posséder au moins trois Axies pour vous lancer et commencer à accumuler des jetons SLP et AXS.

Grâce à des accords appelés « bourses », il est possible de jouer et de gagner des SLP sans posséder soi-même d'Axies. Toute personne ayant des Axies en trop sans avoir le temps de s'en occuper peut engager des joueurs, appelés boursiers, qui tenteront de gagner des SLP à leur place, moyennant un partage des récompenses selon un pourcentage de répartition convenu à l'avance.

L'élevage d'Axies est sans doute le moyen le plus rentable de tirer des revenus du jeu. Pour ce faire, vous aurez naturellement besoin de deux Axies débutants que vous pourrez faire se reproduire pour la modique somme de quatre AXS et un montant de SLP qui va dépendre du nombre de fois où les deux bestioles se sont déjà multipliées. Après l'acte, il faut environ cinq jours pour que le nouvel Axie atteigne la maturité nécessaire pour être lancé dans le jeu. Comme ces créatures NFT représentent alors un certain montant, vous pouvez alors gagner une belle somme d'argent en Ether en les revendant sur le marché.

Vous pouvez gagner des récompenses dans le jeu en :

- participant à des combats en mode joueur contre joueur (PVP) et en grimpant les échelons du classement ;
- explorant l'univers d'*Axie Infinity* dans le mode Aventure PVE ;
- élevant vos propres Axies et en les commercialisant ;
- collectionnant des Axies rares ;
- élaborant des philtres d'amour pour les vendre sur des marchés comme Binance ou Uniswap, entre autres.

Comment jouer à Axie Infinity ?

Il vous faudra tout d'abord vous approvisionner en Ethereum (ETH), vous pouvez en acheter directement sur une plateforme de type Binance ou Coinbase, puis envoyer vos ETH sur un portefeuille comme Metamask. Vous pouvez aussi utiliser Ronin Wallet, qui est le portefeuille dédié à *Axie Infinity* et l'ajouter comme extension à votre navigateur. Ensuite, allez sur le pont Ronin-to-Ethereum (bridge.roninchain.com), connectez votre portefeuille MetaMask, entrez votre adresse Ronin et la quantité d'Ether que vous voulez transférer, puis validez. Vous voici prêt à investir.

Rappelez-vous cependant que vous devez avoir au moins trois Axies pour jouer directement ou deux Axies pour commencer votre élevage. Les caractéristiques les plus importantes à prendre en compte sont le nombre de fois où l'Axie s'est reproduit et quelle est sa pureté. Si vous voulez réussir dans le jeu, essayez de construire une équipe solide avec au moins un Axie ayant une belle vitalité et un autre capable de causer de gros dégâts lors des combats.

Jouer à ce jeu demande de s'investir en temps et, pour démarrer, en argent. Évidemment, plusieurs facteurs entrent en ligne de compte pour rentabiliser et faire fructifier vos actifs, comme le prix des Axies à la revente ou encore le cours des AXS qui par le passé a fluctué dans les deux sens, et parfois de façon intense.

Decentraland

Principe

Lancé en 2015 par Esteban Ordano et Ari Meilich, Decentraland est un métavers basé sur Ethereum qui encourage un réseau mondial d'utilisateurs à exploiter un monde virtuel partagé. Les utilisateurs de Decentraland peuvent explorer, s'engager et jouer à des jeux dans cet environnement virtuel tout en achetant et en vendant des biens immobiliers numériques. Grâce à l'évolution de la plateforme, ils peuvent désormais utiliser des applications interactives, effectuer des paiements dans le monde et communiquer entre pairs.

Trois types de jetons différents régissent les opérations de Decentraland, ESTATE, un jeton ERC-721 représentant la fusion de parcelles de terrain numérique, le LAND, un jeton non fongible (NFT) utilisé pour définir la propriété de parcelles de terrain représentant des biens immobiliers numériques, et le MANA, un jeton qui facilite l'achat de LAND, ainsi que de biens et services virtuels utilisés dans Decentraland.

Les modifications apportées à Decentraland sont promulguées par le biais d'une organisation autonome décentralisée (DAO) qui est une entité sans direction centrale et dont les décisions sont prises par sa communauté d'utilisateurs, ceux qui possèdent des MANA et qui sont appelés à voter sur les mises à jour des politiques, les ventes aux enchères de terrains et les décisions sur les développements à venir.

Decentraland est un environnement virtuel comme tout autre projet de métavers. Vous pouvez explorer la carte de Decentraland et participer à l'un des nombreux événements communautaires qui s'y déroulent, comme des concerts, des soirées de jeu ou encore des projections de films.

Des investisseurs déboursent parfois des sommes astronomiques pour acheter des terrains virtuels et Decentraland est l'une des plateformes qui en proposent. Chaque parcelle de terrain de Decentraland mesure 16 mètres sur 16 mètres et est représentée par un NFT. Le nombre de terres dans Decentraland est plafonné à 90 000, ce qui contribue à leur rareté. Tout le monde peut acheter, louer ou vendre des terrains à Decentraland par le biais d'OpenSea ou de la place de marché officielle de Decentraland.

Une fois que vous possédez un terrain, toute une panoplie de possibilités s'offre à vous, comme créer des casinos et des jeux que vous pouvez également monétiser. Vous pouvez également acheter des objets pour équiper votre avatar, tels que des vêtements, des chaussures et des accessoires. La blockchain Ethereum enregistre toutes les transactions.

Les propriétaires peuvent utiliser les outils de construction de Decentraland pour créer du contenu sur leurs parcelles LAND. Les développeurs peuvent accéder aux bibliothèques de personnalisation et aux implémentations de paiement grâce à son outil d'édition, qui leur permettra de créer des scènes interactives.

Acheter une parcelle sur Decentraland

La première étape consiste à vous rendre sur la place de marché de Decentraland et à vous connecter ou à créer un compte si vous ne l'avez pas encore fait. Une fois que vous êtes connecté, allez dans « Parcelles et domaines », puis « Afficher tout ». Sélectionnez une parcelle de terre. L'étape suivante consiste à parcourir les parcelles disponibles et à choisir celle que vous préférez. Vous pouvez voir les lieux proches et la proximité de zones célèbres en achetant un terrain à Decentraland directement sur la place de marché. Après avoir choisi votre terrain virtuel, cliquez dessus pour connaître le prix du terrain, sa disponibilité et le nom du propriétaire actuel, le cas échéant. Pour effectuer un achat, appuyez sur « Acheter ». Connectez votre portefeuille à la place de marché Decentraland. Pour effectuer l'achat, assurez-vous que votre portefeuille soit lié à votre compte, car le terrain sera transféré sur votre portefeuille en tant que NFT une fois la transaction effectuée et réussie.

Vous pouvez télécharger des portefeuilles comme MetaMask et Trust Wallet si vous n'en avez pas déjà un. N'oubliez pas que vous aurez besoin de suffisamment de MANA ou d'ETH dans le portefeuille que vous avez choisi pour effectuer la transaction. De plus, vous aurez besoin de quelques jetons supplémentaires pour couvrir les frais d'essence[32]. Vous pouvez confirmer l'achat de votre terrain sur votre portefeuille une fois la transaction terminée. Si vous utilisez Trust Wallet, vous pouvez le valider dans les onglets « Collectibles » et « NFTs » du portefeuille MetaMask.

Vous voilà l'heureux propriétaire d'une parcelle sur Decentraland, il ne vous reste plus qu'à la faire fructifier ! Voici sept façons, non exhaustives, de gagner de l'argent sur Decentraland :

Investir dans les MANA

Le jeton officiel de Decentraland peut être utilisé pour acheter des parcelles, des biens et des services, mais il peut aussi être conservé dans l'attente d'une augmentation de valeur.

Investir dans l'immobilier

L'une des meilleures façons de gagner de l'argent dans Decentraland est d'investir dans des terres dès le début, puis de les revendre à profit lorsque leur valeur augmente. Lorsque vous achetez une parcelle de terrain, votre propriété est stockée et vérifiée par la blockchain Ethereum. Cela fonctionne exactement comme les NFT.

Du pain et des jeux ?

Pour le pain, nous y pensons encore, mais pour les jeux, grâce au kit de développement logiciel prévu à cet effet (builder.decentraland.org), vous pouvez facilement en créer, même de type PlayToEarn, ce qui vous permettra de gagner des NFT et d'autres actifs.

Ouvrir une galerie d'art

Que vous rêviez d'exposer vos œuvres (ou en créer via MidJourney) ou que vous préfériez dénicher de nouveaux talents pour lancer leur carrière, votre parcelle est lieu idéal. À moins que vous n'en profitiez pour vendre votre chère collection de Cryptokitties ou de Cryptopunks…

32. Les frais d'essence sont les commissions versées au mineur qui effectue la validation d'une chaîne de blocs dans la blockchain utilisée.

Organiser des événements

Si David Guetta est votre ami, vous pourriez organiser une soirée sur votre parcelle, voire un festival, pourquoi pas. L'organisation d'événements corporatifs pourrait aussi être une belle opportunité ou encore le lancement d'un produit d'une grande marque. Si vous avez des objectifs plus modestes, vous pouvez aussi organiser des chasses au trésor en vendant des tickets aux participants.

Casinos

L'endroit le plus visité de Decentraland (un tiers des utilisateurs de la plateforme) est le casino appelé « ICE Poker » et, même si Decentraland ne possède pas de licence de jeu, la plateforme métavers contourne la réglementation en demandant aux joueurs d'acheter un NFT de vêtements virtuels qu'ils peuvent ensuite utiliser pour débloquer les jetons pour jouer. Il s'agit d'une solution de contournement innovante, mais à mesure que le métavers gagne en popularité, l'attention portée à cette zone grise des jeux d'argent pourrait également augmenter.

Pour rejoindre une partie, les joueurs doivent acheter (ou emprunter) un objet NFT vendu par le casino (dans les 5000 $) qui peut ensuite être converti en MANA au fur et à mesure que les joueurs gagnent des jetons, soit en battant des adversaires, soit en relevant des défis. Ils peuvent les utiliser pour améliorer le swag afin que sa valeur augmente et ainsi pouvoir le vendre plus cher. Les détenteurs de swag peuvent également prêter leurs NFT à d'autres, ce qui leur donne droit à une part des gains de l'emprunteur.

Jusqu'à présent, Decentraland a versé 15,4 millions de dollars aux joueurs. De plus, les joueurs ne sont jamais perdants, car les jetons ne sont pas directement associés à de l'argent. Perdre n'est qu'une occasion manquée de gagner de l'argent.

Free-lance

Vous pouvez éventuellement proposer vos services à d'autres joueurs en tant que free-lance et proposer vos services sur une plateforme traditionnelle comme Freelancer. La création de casinos, la modélisation 3D, le marketing, le codage, la réalisation de vidéos, d'art et de vêtements sont autant de possibilités d'emploi.

Somnium Space

Principe

Somnium Space se décrit comme « un monde ouvert, social, de réalité virtuelle » avec sa propre économie et sa propre monnaie. Le jeu propose également une place de marché, un réseau social et l'opportunité d'acheter des terrains virtuels. Lancé en 2017, le métavers Somnium Space est souvent présenté comme une version améliorée de *Second Life*. Il s'agit d'une plateforme de construction de mondes RV prenant en charge la propriété et le commerce de biens immobiliers virtuels autonomes.

Les joueurs peuvent acheter et créer des expériences personnalisées tout en utilisant leurs personnages pour explorer les terrains des autres utilisateurs. Tout comme dans Decentraland, les terrains de Somnium Space peuvent être utilisés de multiples façons, notamment pour le jeu, la socialisation, le commerce électronique, l'organisation d'événements, etc.

CUBE est le jeton utilitaire natif de la plateforme que vous pouvez utiliser pour effectuer des transactions dans le jeu. Par exemple, vous pouvez louer un terrain à un autre joueur en échange de CUBE. De même, vous pouvez l'utiliser pour acheter des billets (au format NFT) pour un concert de musique virtuel, mais aussi pour payer l'entrée aux arcades interactives et aux parcs d'attractions situés sur votre propriété virtuelle. Les ETH, CUBE et NFT peuvent tous être détenus sur Somnium Space en utilisant votre adresse Ethereum.

Les utilisateurs peuvent également acheter des avatars NFT avec des jetons CUBE. Les utilisateurs peuvent utiliser CUBE pour toutes sortes de transactions, y compris les loyers, les acquisitions et les ventes de terrains. Il y a 100 millions de jetons CUBE disponibles.

Jetons

Avec CUBE, deux autres formes distinctes de jetons composent l'économie de *Somnium Space*, les parcelles de terrains et les avatars :

Parcelles de terrain

Chaque parcelle de terrain est un jeton non fongible ERC721, ce qui signifie que la parcelle est unique et ne peut être fabriquée ou reproduite, tout comme un terrain réel. Tout le monde peut acheter ou vendre des terrains sur la place de marché OpenSea sur une base de pair à pair, et toutes les transactions sont enregistrées sur la blockchain Ethereum comme preuve de propriété. Chaque jeton foncier de Somnium Space a ses propres coordonnées correspondant à un endroit spécifique sur la carte. La valeur d'un terrain est souvent déterminée par sa proximité avec des endroits populaires offrant des vues exceptionnelles, la taille de la propriété, sa proximité avec le littoral et sa proximité avec le point de passage central. Vous pouvez également louer des terrains auprès d'autres utilisateurs de Somnium Space, ce qui vous permet de démarrer avec un petit investissement.

Avatars

Avoir un avatar est essentiellement la même chose que d'établir un nom d'utilisateur ou un compte sur un site Web quelconque. En utilisant le SDK d'avatar de Somnium Space, vous pouvez créer et télécharger votre propre avatar. Cette technologie permet à n'importe qui de concevoir son propre avatar ou de télécharger un avatar existant directement dans Somnium Space, ce qui permet aux utilisateurs de s'exprimer d'une manière qui n'est pas limitée à une taille ou une forme typique – ou même humaine.

Niveaux de karma

L'espace Somnium repose en grande partie sur les niveaux de karma. Il s'agit d'une représentation du statut social et des perceptions des autres habitants virtuels. Somnium Space utilise une variété de critères pour déterminer les niveaux de karma, tel que :

- les notations : les personnes ayant un niveau de karma plus élevé auront un effet plus important sur les évaluations des autres habitants virtuels ;
- l'engagement : ce classement est basé sur les transactions économiques d'un utilisateur, le temps de jeu, la possession de terres et le taux de découverte du monde.

D'autres facteurs comme l'activité de construction, l'implication et l'organisation d'événements en sont autant d'exemples. Les récompenses CUBE que les joueurs reçoivent sont déterminées par leur niveau de karma. Avec l'ajout des parcelles de terrain et de tous les actifs numériques dans la blockchain, Somnium Space vise à faire un pas important vers la décentralisation, en accordant aux utilisateurs une autorité complète sur leurs actifs.

Les développeurs du jeu recommandent l'utilisation de casques RV pour une expérience optimale du jeu. Cependant, un casque RV n'est pas obligatoire et vous pouvez commencer à jouer directement sur votre navigateur Web en utilisant le mode troisième personne.

Gagner de l'argent dans Somnium Space

Achat et vente de terrains

L'une des meilleures façons d'investir dans Somnium Space est d'acheter des terrains. Vous pouvez acheter des terrains en escomptant que les prix augmentent au bout d'un certain temps. Vous pouvez donc conserver ces terrains et les vendre lorsque les prix augmentent. Si vous voulez faire de substantiels bénéfices, cette méthode est tout indiquée.

Acheter et louer des terrains

Un autre moyen qui peut être un bon investissement est d'acheter des terrains et de les louer. Vous pouvez aussi construire des maisons virtuelles sur le terrain et les mettre en location. C'est une excellente solution pour un investissement minimal.

Créer des avatars

L'une des choses les plus intéressantes dans Somnium Space est de créer et vendre des avatars. Le marché sur OpenSea est assez florissant pour ce type d'actifs.

Jetons

Vous pouvez acheter des jetons CUBE et suivre leur fluctuation. Cette méthode est assez passive, mais des centaines d'investisseurs gagnent de l'argent de cette façon.

Transport

L'investissement dans le transport virtuel peut être un bon moyen de gagner de l'argent. Les avatars ne peuvent se déplacer rapidement et encore moins sur de grandes distances. Il y a donc des NFT téléporteurs et des voitures NFT dans Somnium Space que vous pouvez utiliser en payant des CUBE. Selon l'achalandage, les tarifs peuvent s'envoler.

Alien Worlds

Principe

Alien Worlds est un jeu métavers avec une économie simulée dans laquelle les joueurs se disputent une ressource rare, le Trilium (TLM), qu'ils utilisent pour accroître leur pouvoir dans le jeu en jalonnant et en votant dans les organisations autonomes décentralisées des planètes (DAO). Les planètes et les joueurs se disputent le Trilium, ce qui entraîne une forte concurrence, mais aussi une grande collaboration entre les joueurs.

Le *gameplay* consiste à voyager vers des mondes extraterrestres lointains et à exploiter les Trilium ou les NFT que vous pourrez miner et exploiter en chemin. Au fur et à mesure de votre progression dans le jeu et de l'augmentation de votre inventaire, vous disposerez de plus de ressources pour découvrir des NFT à un rythme plus rapide.

Il existe plus de 300 NFT différents que vous pouvez collecter, chacun étant unique quant à leur valeur et leur rareté. Quelques-uns des objectifs dans le jeu sont :

- exploiter ou acquérir plus de 300 NFT ;
- l'exploitation minière : vous pourrez extraire du Trilium de différentes planètes en utilisant des cartes de jeu NFT appropriées ;
- participer aux événements de la nébuleuse ;
- louer des vaisseaux spatiaux pour voyager vers des planètes lointaines ;
- se mesurer aux autres joueurs ;
- misez des TLM pour gagner des récompenses ;
- contribuer au système de gouvernance d'*Alien Worlds* (DAO), en participant aux élections hebdomadaires des candidats au conseil.

Histoire et fonctionnement

L'histoire se déroule en 2055. Certains habitants de la Terre ont découvert un moyen d'échapper aux pandémies qui font rage. Des explorateurs de cette nouvelle Fédération reçoivent d'étranges messages qui semblent provenir d'une race extraterrestre avancée ; de ces messages, ils vont extraire une information cruciale : le moyen d'utiliser un trou de vers permettant l'exploration spatiale lointaine. Dans le jeu, chaque joueur dispose d'un ensemble de trois outils d'exploitation minière et d'un arbre de compétences. Pour commencer, il doit choisir une planète et tenter d'y trouver un filon de Trilium (TLM). Chaque fois que le joueur extrait du tritium des profondeurs de sa planète, il a la possibilité d'obtenir une récompense, un objet unique dans le jeu. Cette récompense peut être un outil, un serviteur Alien, une arme ou un avatar unique. Ces objets sont des NFT et seront plus difficiles à obtenir que le minerai. Les NFT d'*Alien Worlds* existent sur la blockchain et peuvent être échangés librement avec d'autres joueurs. Ces NFT sont échangeables contre du Trilium ou d'autres cryptomonnaies. La possibilité d'obtenir des récompenses est basée sur les caractéristiques de l'outil choisi, ainsi que sur la réserve de récompenses de la planète.

Chaque NFT a également une utilité dans le jeu, il peut être utilisé pour avoir plus de capacité minière ou devenir l'arme préférée de l'un des serviteurs du joueur. Ces cartes de jeu NFT donnent des avantages et chaque carte a une couleur. Les cartes les plus brillantes sont les meilleures du jeu. Il est possible d'en obtenir en achetant des packs de lancement. *Alien Worlds* est aussi un jeu de combat/défense, car il faut protéger ses territoires avec acharnement afin de conserver ses acquis.

Le joueur achète des terres sur chaque planète. S'il possède des terres, celles-ci donnent un revenu passif via les taxes planétaires et chaque planète où le joueur possède des terres permet de voter pour élire les Gouverneurs et allouer les flux de Trilium et de NFT.

Dans le jeu, les avatars sont des objets purement cosmétiques. Lorsque vous commencez le jeu, vous pouvez choisir entre un avatar masculin et un avatar féminin (l'espace est très limitatif), mais dans le courant de vos aventures vous pourrez obtenir de nouveaux avatars, qui seront échangeables. Dans cet univers où personne ne vous entend crier, vous pouvez partager votre solitude avec des serviteurs Aliens, qui sont essentiellement des éclaireurs que vous pouvez jeter dans vos batailles et incursions. Vos serviteurs, à défaut de tentacules, peuvent être équipés d'armes, selon leur force et leurs attributs.

Les outils miniers que vous aurez l'occasion d'utiliser ont aussi une grande importance : sans eux, le filon restera sous vos pieds. Chaque outil aura ses caractéristiques, avec certains qui vous apporteront de réels bonus.

Comment jouer à Alien Worlds ?

Vous devrez d'abord créer un portefeuille WAX qui sera dédié uniquement aux NFT pour ensuite le lier à un compte Twitter, Facebook ou Google, selon votre choix, avant de vous connecter sur le site d'*Alien Worlds*. Les étapes suivantes consistent à créer un compte *Alien Worlds* puis de choisir votre avatar et la planète sur laquelle miner. Si vous êtes nouveau dans le jeu, vous recevez une pelle de base. Une fois que tout est configuré, choisissez le bouton « Mine » et commencez votre ascension.

DeFi Kingdoms

Principe

DeFi Kingdoms est un jeu centré sur les NFT et son jeton natif, le JEWEL. Il est gratuit au départ, mais vous devrez payer des frais d'essence si vous interagissez avec la blockchain. Le jeu est construit sur la blockchain Harmony Protocol. *DeFi Kingdoms* ressemble à un RPG traditionnel en version pixelisée de style RPG Maker. Les joueurs explorent plusieurs lieux sur la carte, dont la taverne, la banque ou le jardin ; ils peuvent communiquer avec le crieur public et interagir avec des personnages non joueurs, tout en investissant et en tentant de gagner quelques JEWEL.

Les aventures dans *DeFi Kingdoms* se déroulent dans un lieu appelé Gaia, un monde de Fantasy typique. Le continent de Gaia était autrefois uni, mais les habitants ont détruit la terre en la cultivant à outrance. Ceux qui sont restés fidèles à Gaia ont été transportés dans le Bosquet intérieur et un dieu a séparé le continent autrefois unique. Au fil du temps, des royaumes séparés se sont développés, puis se sont reconnectés, parfois pour le meilleur, mais surtout pour le pire.

Les joueurs entrent dans le jeu à l'« âge des héros » où ils doivent cultiver des bijoux, comme on cultive des légumes, en utilisant des pouvoirs mystiques. Ils ont la possibilité d'invoquer des héros pour défendre leurs jardins de pierres précieuses et détruire les créatures avides de richesse.

Le monde de *DeFi Kingdoms* comprend actuellement plusieurs lieux, dont la taverne, qui permet d'acheter, de vendre ou de louer des héros NFT ; le marché, pour échanger des jetons, acheter des objets et plus encore. Vous pourrez aussi trouver une banque qui vous permettra de «stacker» vos actifs (un moyen de gagner des récompenses en détenant certaines cryptomonnaies), un jardin pour cultiver des jetons de *pool* (on peut représenter les *pool* de liquidité comme un ensemble de fonds verrouillés et sous le contrôle d'un contrat intelligent, qui permettent dans la majorité des cas des transactions entre particuliers sans tiers de confiance. Les utilisateurs déposent des fonds au sein des *pool* de liquidité, généralement sous forme d'une paire de jetons afin de créer un marché entre ces actifs, en échange duquel ils perçoivent un nouveau jeton de récompense).

Vous pouvez aussi vous rendre au puit de souhaits afin d'obtenir des larmes de Gaia, nécessaires pour les invocations et pour gagner de l'expérience. Vous trouverez ensuite le portail, l'endroit qui vous permettra d'invoquer de nouveaux héros NFT. Selon l'histoire officielle du jeu, le portail vous permettra de ramener les héros qui ont été envoyés dans le Bosquet intérieur. Vous pourrez aussi visiter les *docks* vous permettant de vous relier à une autre blockchain afin de permettre quelques interactions. Finissons avec l'alchimiste, qui vous permettra de fabriquer des objets utiles à votre quête. D'autres lieux seront ajoutés par les développeurs, au fil du temps. *DeFi Kingdoms* propose également de nombreuses professions, chacune avec ses forces et faiblesses, à vous de voir comment vous souhaitez évoluer dans ce jeu.

Pour le moment, il y a différentes façons de jouer et d'obtenir des jetons JEWEL, cela dit, nous allons avoir besoin d'un héros que vous pourrez acheter dans la taverne. Ce héros vous permettra de réaliser des quêtes et des missions, vous aurez aussi l'opportunité de louer votre héros, tel un mercenaire, et empocher ainsi quelques JEWEL, mais le nombre de locations sera limité.

La possibilité de « stacker » et de « farmer » vos jetons est également intéressante pour générer des revenus passifs et gagner des jetons de récompense. Cela dit, n'oubliez pas que, dans ce cas, une partie de vos jetons sera bloquée pendant un certain laps de temps. À vérifier au moment de prendre votre décision.

Comment jouer à DeFi Kingdoms

Pour vous lancer rapidement dans le jeu, vous devez pouvoir obtenir des jetons. Voici un résumé des opérations nécessaires pour y parvenir :

1 : Télécharger Metamask

Plusieurs portefeuilles de cryptomonnaies sont compatibles avec le réseau Harmony, mais Metamask nous semble être le plus approprié. Vous pouvez l'utiliser comme extension de votre navigateur ou télécharger l'application mobile disponible pour votre smartphone.

2 : Configurer Metamask

Si ce n'est déjà fait, enregistrez et configurez Metamask via l'extension Google Chrome ou l'application mobile que vous avez téléchargée à l'étape précédente. N'oubliez pas de conserver votre phrase de démarrage en toute sécurité et de ne la confier à personne, et sous aucun prétexte, puis notez l'adresse de votre portefeuille. Vous l'utiliserez plus tard aux étapes 4 et 6.

3 : Acheter des jetons Harmony One

Une fois que votre portefeuille est configuré, vous pouvez vous connecter à une plateforme d'échanges, comme Binance, et passer à la page Web d'achat et de vente de cryptomonnaies pour acheter Harmony ONE.

4 : Alimenter son portefeuille Metamask

Une fois que vous avez acheté vos Harmony ONE, allez dans la section de votre portefeuille Binance et recherchez-le (ou les) Harmony ONE que vous avez acheté. Cliquez sur « retirer » et remplissez les informations requises. Définissez le réseau sur Harmony ONE, fournissez l'adresse de votre portefeuille et le montant que vous souhaitez transférer. Cliquez sur le bouton de retrait et attendez que votre Harmony ONE apparaisse dans votre portefeuille Metamask.

5 : Choisir un échange décentralisé (DEX)

Vous avez le choix entre plusieurs DEX ; vous devez simplement vous assurer que le portefeuille que vous avez sélectionné à l'étape 2 est pris en charge par l'échange. Par exemple, si vous utilisez le portefeuille Metamask, vous pouvez vous rendre sur SushiSwap pour effectuer la transaction.

6 : Connecter son portefeuille

Connectez votre Metamask au DEX que vous voulez utiliser en utilisant l'adresse de votre portefeuille, comme vu à l'étape 2.

7 : Échanger son Harmony ONE

Sélectionnez votre Harmony ONE comme paiement et sélectionnez le *DeFi Kingdoms* comme jeton que vous voulez acquérir.

8 : Trouver un Smart Contract

Si la pièce que vous voulez n'apparaît pas sur le DEX, vous pouvez vous référer à [explorer.harmony.one] et trouver l'adresse du contrat intelligent. Vous pouvez ensuite la copier et la coller dans SushiSwap. Méfiez-vous des arnaques et assurez-vous d'avoir obtenu l'adresse officielle du contrat.

9 : Appliquer l'échange

Une fois que vous avez terminé les étapes précédentes, vous pouvez cliquer sur le bouton Swap.

10 : Démarrer le jeu

Allez sur le site du Royaume de DeFi et sélectionnez « Start Playing ». Créez un nom de personnage et sélectionnez une image de profil. Jouez en choisissant où vous allez investir du temps, de l'énergie et des JEWEL. En créant un personnage, vous allez créer un NFT – une transaction qui nécessitera le paiement de frais d'essence, via MetaMask. Vous ne pourrez pas changer l'apparence de votre personnage, alors choisissez judicieusement.

My Neighbor Alice

Principe

Bienvenue dans le monde de ma voisine Alice – un grand complexe insulaire situé dans l'archipel de Lummelunda. C'est un lieu où les animaux et les humains vivent en parfaite harmonie, se font des amis et travaillent ensemble. Toute personne peut rejoindre un quartier en achetant un lopin de terre et en pratiquant diverses activités comme la pêche, la capture d'insectes et l'apiculture, entre autres. Alice partage l'archipel avec ses amis – Björn l'ours, Bob l'apiculteur, Ivan le marchand et José le charpentier. En interagissant entre voisins et en aidant Alice dans ses tâches et ses activités quotidiennes, les joueurs gagnent des récompenses qui peuvent être échangées contre des objets mis en jeu qu'ils peuvent utiliser sur leurs terres.

Après avoir acheté un terrain, les joueurs peuvent concevoir et décorer leur propriété pour la rendre aussi unique et spéciale qu'ils le souhaitent. Pour cela, les utilisateurs pourront interagir avec le terrain, et utiliser les ressources du jeu, comme les NFT, qui sont disponibles sous forme de végétation, de meubles, de bâtiments ou d'animaux.

My Neighbor Alice est donc un jeu de construction multijoueur, parfaitement adapté aux débutants, où chacun peut acheter et posséder des îles virtuelles, collecter et construire des objets et rencontrer de nouveaux amis. Inspiré de jeux à succès tels qu'*Animal Crossing*, *My Neighbor Alice* combine plusieurs concepts – un récit amusant pour les joueurs réguliers qui veulent profiter de l'expérience de jeu, ainsi qu'un écosystème pour les joueurs qui veulent collectionner et échanger des objets NFT, même s'ils n'ont aucune idée de ce que c'est. Actuellement disponible en version alpha, *My Neighbor Alice* est en cours de développement.

My Neighbor Alice n'est pas seulement un jeu pour les amateurs de PlayToEarn, c'est aussi un jeu parfaitement adapté aux novices de la blockchain. Il est conçu de manière à permettre aux joueurs de se l'approprier en exerçant un pouvoir sur la plateforme dans un modèle de gouvernance démocratique de type DAO (organisation autonome décentralisée).

Ce jeu est le fruit de l'imagination d'Antler Interactive, un studio de jeux interactifs connu pour ses innovations en matière de jeux. Pionnier du jeu

Quêtes partagées et événements communautaires

Le but ultime de *My Neighbor Alice* est de créer un monde alternatif où chacun peut jouer, se faire des amis et accomplir des travaux communs. Le jeu proposera également des événements créés par la communauté où les joueurs pourront créer et participer à des activités.

Un forum de discussion sur la chaîne

My Neighbor Alice propose également un forum décentralisé, où les utilisateurs pourront discuter des activités du jeu, découvrir les prochains événements, connaître le calendrier des votes à venir au sein de l'organisation décentralisée, rechercher de nouveaux amis, etc. Un exemple d'un tel forum peut être trouvé sur testnet.chromunity.com.

Caractéristiques de la blockchain

La monnaie du jeu est le jeton ERC20 ALICE. Il peut être utilisé de plusieurs manières :

- monnaie d'échange : ALICE peut être utilisé pour l'achat d'actifs, de biens et de compétences (par exemple, l'achat d'engrais) ;
- modèles de revenus conçus par l'utilisateur : pour les terres et les actifs dans le jeu, les propriétaires pourraient recevoir des revenus de locations et de visites, comme celle d'un musée ;
- contenu de jeu spécial (DLC) : certaines quêtes et fonctionnalités spéciales (comme l'ouverture d'un magasin) ne sont disponibles que pour les détenteurs du jeton ALICE qui ont misé les jetons pour un montant fixe, pendant une durée déterminée ;
- fonctionnalité sociale : envoyer des jetons ALICE via les chats avec les voisins, présenter des actifs aux visiteurs et échanger des actifs NFT ;
- jouer pour gagner : afin d'encourager les joueurs à contribuer au jeu et à maintenir l'intérêt, des points d'expérience seront attribués pour les quêtes accomplies ; ces points pourront être échangés contre des actifs dans le jeu et pourront faire l'objet de transactions.

Compatibilité ERC-20

La blockchain Chromia peut fonctionner avec d'autres blockchains, lui permettant ainsi de déplacer des jetons entre, par exemple, Ethereum et

Chromia. Il existera bientôt un mécanisme permettant de déplacer le jeton ALICE entre Chromia et le réseau Ethereum, ce qui permettra aux utilisateurs d'utiliser les échanges sur Ethereum pour garantir la liquidité.

Actifs du jeu

Dans *My Neighbor Alice*, il y aura – c'est en cours de développement – des actifs en éditions limitées, des objets rares.

Places de marché et commerce

L'un des avantages de la propriété décentralisée est qu'elle peut être échangée sur des places de marché en dehors de l'influence des sociétés de jeux. Cela peut inciter les joueurs à acheter et à créer des objets dans le jeu.

Places de marché sur d'autres blockchains

Le jeton ALICE est interchangeable avec un jeton Ethereum ERC-20, mais les articles et leur propriété peuvent également être transférés vers d'autres blockchains, comme Binance. Mais *My Neighbor Alice* utilisera aussi des plateformes de jeu, telles Steam, pour vendre des articles. C'est important pour l'intégration des utilisateurs ne possédant pas de cryptomonnaies.

Conseil communautaire, ou DAO

My Neighbor Alice sera une organisation décentralisée appelée Community Council, une démocratie numérique et un mini-univers. Cela n'aurait pas été possible sans la blockchain, cette dernière permettant de mettre en place des règles qui régissent l'exécution du code source sous forme de contrats intelligents.

Source libre et ouverte

Le code source aura une licence *open source* afin que les utilisateurs puissent contrôler et, en fin de compte, modifier l'application. Notez cependant que ce jeu est développé sous Unity, qui est une plateforme non libre.

Devenir entrepreneur

L'une des choses qui enthousiasment le plus les joueurs dans la vision de *My Neighbor Alice* est qu'il s'agit d'un bac à sable entrepreneurial. L'économie du jeu est gérée par les joueurs et l'interaction entre eux crée une économie dynamique et pleine d'opportunités. Ces opportunités sont accessibles aussi bien aux débutants disposant d'un petit capital qu'aux utilisateurs avancés disposant d'une multitude de ressources. Nous allons aborder le cas de quelques exemples de la façon dont vous pouvez devenir entrepreneur dans *My Neighbor Alice*.

L'agriculture

L'agriculture se fait sur des parcelles de terre, qui sont représentées par des NFT qui ont été vendus par le biais de loteries. Si vous faites partie des chanceux qui ont réussi à obtenir un terrain, vous pouvez y faire pousser diverses plantes, fruits, céréales et légumes et les vendre à d'autres joueurs. Planter et faire pousser des cultures nécessitera un certain entretien, comme l'arrosage des plantes. Cependant, si tout ce travail vous semble fastidieux, vous pouvez tout simplement louer votre terre à un autre joueur et profiter des revenus de la location.

Réaliser les capacités de vos animaux

Les animaux sont des NFT spéciaux qui ont trouvé de nouveaux propriétaires lors d'un premier événement d'adoption d'animaux de ferme ; d'autres événements d'adoption d'animaux sont prévus à l'avenir. Les animaux ont la capacité de fabriquer de nouveaux objets à partir d'autres ressources. Ces matériaux artisanaux ont généralement plus de valeur pour le commerce et peuvent même devenir des objets uniques. Chaque animal a ses propres capacités d'artisanat, certaines plus rares que d'autres. Par exemple, après avoir récolté du coton biologique sur votre terre, certains animaux vous aideront à filer le coton. D'autres animaux peuvent alors le tisser et des animaux spéciaux peuvent teindre le tissu. Vous pouvez vendre ces tissus sur le marché, ou les utiliser pour créer vos propres vêtements.

Terminer les travaux postés par d'autres joueurs

Si vous ne possédez pas encore de terre ou d'animal, votre premier gain d'argent peut provenir de travaux postés par des propriétaires terriens. Ils peuvent avoir besoin de vous pour entretenir leurs cultures ou s'occuper de leurs animaux. Les terres doivent être arrosées et entretenues, tandis que les animaux ont besoin de nourriture, d'eau et de beaucoup d'amour et d'attention ! Les terres bien entretenues donnent de meilleures récoltes, tandis que les animaux bien entretenus sont bien meilleurs pour l'artisanat – ce qui rend votre aide précieuse pour un propriétaire terrien.

Arbitrage des ressources

Voyager sur les terres des différents joueurs est un voyage passionnant en soi ; vous rencontrerez de nouvelles personnes et verrez leurs créations, leurs fermes, leurs animaux et leurs meubles. Si vous avez de la chance, vous découvrirez peut-être que certaines ressources sont moins chères à un endroit qu'à un autre. Cette dynamique vous permet d'agir en tant que marchand, en achetant et en vendant des biens à travers le monde afin d'en récolter les bénéfices.

Propriété et location d'animaux

Une fois que vous aurez gagné suffisamment d'argent en travaillant ou en tant que marchand itinérant, vous voudrez peut-être vous lancer dans le monde de la propriété animale. Dans *My Neighbor Alice*, vous pouvez posséder des animaux et les faire vivre sur des terres que vous louez à un autre joueur. Vous pouvez maintenant fabriquer vos propres ressources et les vendre sur le marché. De plus, lorsque vous n'utilisez pas vos animaux, vous pouvez confier leurs capacités à d'autres joueurs.

Concevoir et fabriquer des objets et des modes uniques

L'échange de marchandises vous rapporte un bon prix, mais la fabrication d'objets uniques peut vous rapporter encore plus ! À travers les différentes étapes de l'artisanat animalier, vous pouvez vous retrouver à concevoir des pulls sympas, des chaussures véloces, de jolies robes et beaucoup de chapeaux. Ce sont tous des objets uniques qui peuvent être portés par les joueurs pour montrer leur style unique. Plus un modèle est unique et intéressant, plus il peut rapporter ! Comme chaque vêtement que vous créez est un NFT unique, vous pouvez les échanger avec d'autres joueurs. Comme vous pouvez le constater, *My Neighbor Alice* offre aux joueurs une multitude de moyens de monétiser leurs efforts.

Acheter des jetons Alice

My Neighbor Alice est disponible sur Steam ou via le site officiel. Cependant, les joueurs peuvent acheter des jetons ALICE pour la loterie de vente de la Terre d'ombre (un supplément à venir). Pour acheter des jetons ALICE :

- téléchargez le portefeuille MetaMask ;
- les joueurs doivent avoir un compte Binance pour acheter des USDT à convertir en jetons ALICE ;
- sur la page Binance, les joueurs peuvent effectuer un dépôt par virement bancaire pour les USDT ;
- une fois que l'USDT est disponible, les joueurs peuvent cliquer sur l'onglet « Market » et sélectionner « Spot market » et « Fiat Market ».
- tapez dans la barre de recherche « ALICE USDT » et sélectionnez l'option présentée. À partir de là, vous pourrez acheter des jetons ALICE ;
- pour participer à la loterie de vente de terrains, rendez-vous sur ce lien ici : market.myneighboralice.com/lottery ;
- enfin, connectez votre MetaMask pour déposer le montant requis de jetons ALICE.

Notez que le nombre de parcelles à vendre est de mille et que le coût par parcelle est de 50 jetons ALICE. Maintenant, pourquoi l'achat de parcelles se fait-il sous forme de loterie ? Alice veut donner à chacun une chance équitable d'acquérir une parcelle de terrain et ne pas la remettre au plus offrant – ce qui est bien et juste.

Illuvium

Illuvium est un jeu de construction en ligne de type PlayToEarn qui permet aux joueurs de créer et de gérer leur propre complexe industriel virtuel. Les joueurs peuvent gagner de l'argent en extrayant et en vendant du carburant sur la place de marché du jeu grâce aux jetons non fongibles (NFT) qu'ils possèdent. Actuellement, le jeu est uniquement accessible aux détenteurs de 6 500 NFT Illuvium land, mais les développeurs prévoient de le rendre accessible au grand public en 2023. Le jeu sera disponible sur mobile et PC et est développé avec Unreal Engine 5 et la blockchain d'ImmutableX. Illuvium vise à créer un produit qui pourra rivaliser avec les jeux classiques, non blockchain. En 2022, Illuvium a vendu 20 000 parcelles de terrain à 5 000 joueurs, récoltant un total de 72 millions de dollars. L'annonce de la version Alpha du jeu a entraîné une augmentation de 48 % du prix moyen des terrains en début 2023.

Les jeux Web3 ont encore du mal à rivaliser en termes de popularité avec les titres de jeux grand public de type AAA, mais les développeurs d'Illuvium affirment que leur objectif est de créer une expérience de jeu positive plutôt qu'une simple opportunité de gain. Ils espèrent ainsi changer la perception négative des NFT sur le marché du jeu en général.

Synopsis

Bienvenue dans le monde d'Illuvium. Une terre brisée, pleine de beauté et de merveilles. Parcourez les paysages vastes et variés en chassant de dangereuses créatures, puis capturez-les pour vous battre dans les arènes ou faites du commerce via l'échange. Dans *Illuvium*, vous jouez le rôle d'un survivant de l'un des vaisseaux de transport d'une flotte spatiale intergalactique qui enquête sur une balise de détresse déroutante. Lorsque vous atteignez l'origine de l'appel, vous découvrez une planète dévastée, peut-être le berceau mythique de votre civilisation. Une explosion de radiations désactive les moteurs du vaisseau et vous percutez la surface de la planète. En rampant hors de l'épave, vous découvrez des bêtes majestueuses, certaines dotées de pouvoirs quasi divins. Serait-ce la cause de la chute de cette planète ? Heureusement, votre race a commencé à maîtriser la même énergie que les Illuvials, et vous êtes en mesure de capturer et de contrôler la faune divinisée dans des éclats de cristal appelés Eclats, extraits de la surface de la planète. Pour découvrir les mystères de la planète, vous devenez un chasseur, voyageant à travers le pays en soumettant et en capturant des Illuvials, et en essayant de déverrouiller les Obélisques qui maintiennent la plupart du monde fermé.

Que sont les Illuviaux ?

Le noyau de la planète émet une étrange radiation que les bêtes exploitent pour grandir, muter et lancer des attaques mortelles. Certains Illuviaux sont faciles à trouver, d'autres sont rares. Il y a plus de cent Illuviaux à trouver et à collecter à travers le monde, chacun possédant des capacités uniques. Ils forment des relations symbiotiques entre eux, basées sur des affinités ou des classes communes, appelées synergies. Grâce à un système de synergie hybride, les Illuviaux sont plus forts lorsqu'ils travaillent en équipe dans l'arène de combat. Veillez donc à collecter des paires synergiques pour maximiser vos chances de victoire. Les différentes synergies créent différents bonus pour votre équipe, ce qui vous permet de surpasser votre adversaire, même s'il possède des Illuviaux plus puissants que vous. La fusion vous permet d'obtenir une bête plus puissante, avec des attributs différents, appartenant parfois à une classe ou un type complètement différent. N'oubliez pas que certaines lignées d'illusions sont très rares et difficiles à trouver, ce qui rend leur forme fusionnée encore plus difficile à découvrir.

Team building

Illuvium est un jeu de combat et de collection de créatures virtuelles appelées Illuviaux. Dans un environnement immersif, les Illuviaux apparaissent et disparaissent progressivement et sont difficiles à capturer. Lorsque vous y parvenez, préparez-vous à un combat difficile, car ces créatures sont incroyablement puissantes. Les joueurs peuvent stocker les Illuviaux capturés dans des *shards* pour les utiliser dans leurs combats. Les Illuviaux ont des affinités avec les éléments de ce monde étranger et les joueurs doivent choisir judicieusement leur équipe en fonction de ces affinités pour maximiser leurs chances de victoire. Les Illuviaux sont également regroupés dans l'une des cinq classes : combattant, gardien, rogue, psion et empathe, chacune ayant des qualités et des traits différents. Les joueurs doivent constituer une équipe dont les qualités et les traits sont synergiques pour remporter des combats contre les Illuviaux sauvages.

Comment jouer ?

Commencez par personnaliser votre personnage. Ensuite, sélectionnez votre drone subalterne polymorphe. Une fois que vous et votre acolyte êtes prêts, vous pouvez alors partir à la découverte des différentes régions du monde et des mystères qui l'entoure. Au cours de votre aventure, vous rencontrerez des Illuviaux que vous pourrez combattre. Si vous les maîtrisez, utilisez un éclat pour les capturer et en faire votre propriété permanente. Mais attention, les tessons ont des niveaux de puissance différents. Les tessons les moins puissants risquent d'échouer face à des Illuviaux plus forts. Pour les joueurs qui débutent, vous pourrez exploiter des tessons gratuits qui ne pourront capturer que quelques Illuviaux bien moins puissants que d'autres. Vous pourrez aussi vous lancer dans le jeu sans aucune dépense et apprendre les mécanismes. Nous pensons qu'il s'agit là d'un changement bienvenu par rapport aux jeux qui exigent un gros capital initial pour jouer. Il existe de nombreuses régions à explorer, mais la plupart seront inaccessibles à la première génération de joueurs. Au fil du temps, les joueurs débloqueront des obélisques qui leur permettront de voyager vers de nouvelles régions magnifiques, difficiles et importantes, accompagnées de nouveaux Illuviaux à combattre et à collecter, et qui jetteront davantage de lumière sur l'énigme qui s'est produite ici.

Achats en jeu

L'Ethereum ETH est utilisé pour tous les achats en jeu (exemples ci-après) et les frais sont envoyés directement à l'Illuvium Vault :

- guérison des tessons ;
- imbues (modification de divers éléments du jeu comme les armes ou les drones) ;
- batailles de pari ;
- réveil d'Illuvial (c'est-à-dire, frais médicaux) ;
- voyage en obélisque ;
- améliorations (augmentations puissantes des statistiques des Illuviaux).

Aventures

Pour certains joueurs, l'attrait du jeu sera de voyager à travers le monde et de collecter des Illuviaux. Cela peut être incroyablement lucratif, surtout si un joueur parvient à capturer quelque chose de rare et de puissant. Les Illuviaux deviennent de plus en plus difficiles à capturer au fil du temps. Au fur et à mesure qu'ils seront découverts, leur taux de capture changera, car il est fondamentalement lié au nombre de ceux qui ont été capturés jusqu'à présent. La difficulté de capturer des Illuviaux augmentera également. Au fur et à mesure de vos aventures et de vos rencontres avec les Illuviaux dans la nature, votre équipe gagnera en puissance.

Arènes de combat

D'autres joueurs choisiront de s'affronter pour prouver qui est le meilleur chasseur. Ces joueurs feront la queue dans l'arène classée, où ils pourront être jumelés à un adversaire aléatoire ayant un niveau de compétence similaire, ou affronter d'autres joueurs dans des matchs ad hoc avec pari dans l'arène Léviathan. Les autres joueurs pourront assister aux matchs et parier sur leur issue.

IlluviDEX (The Illuvium Exchange)

La Bourse Illuvium est un marché en ligne, régi par la DAO Illuvium, permettant aux joueurs d'acheter et de vendre tous les NFT du jeu. L'élément principal de l'IlluviDEX est le commerce des Illuviaux, mais tous les NFT trouvés dans le jeu peuvent y être échangés.

Exploitation minière et récolte

Votre drone subordonné n'est pas seulement un beau gadget. Outre le stockage et l'assistance pendant les combats, votre PSD est également capable d'extraire des minéraux de la surface de la planète et de les forger en objets utiles. Le paysage est parsemé de gisements contenant du minerai, des tessons non traités et des pierres précieuses rares. Après les avoir récoltés, utilisez votre drone pour les forger en armes et armures en insufflant de l'énergie aux matériaux. Certains matériaux sont beaucoup plus rares et offrent des bonus plus importants à votre équipement. Manipulez-les vous-même pour obtenir un avantage en combat ou vendez-les sur l'IlluviDEX. L'Illuvium est également parsemé d'arbres qui produisent divers fruits extraterrestres qui pulsent d'énergie. Récoltez-les pour améliorer votre équipement au combat ou pour les soigner sans avoir à retourner à Sanctum Mesa.

Éclats

Les tessons sont probablement l'objet le plus important du jeu. Ce n'est qu'avec ces tessons que les joueurs peuvent capturer des Illuviaux qu'ils améliorent en combat. En tant que tel, chaque joueur devra en avoir quelques-uns avant de s'aventurer dans le monde du jeu. Vous pouvez les extraire des dépôts, mais vous voudrez toujours vous assurer d'avoir quelque chose de disponible au cas où vous rencontreriez un Illuvial rare. Comme la plupart des éléments du jeu, les éclats se déclinent en plusieurs niveaux en fonction de leur capacité à capturer les illusions. Plus l'Illuvial est fort, plus il est difficile à capturer. C'est là qu'un tesson fort est le plus efficace. La qualité du tesson que vous tirez du sol est aléatoire, les plus puissants étant les plus rares. Si vous voulez vous assurer que vous pouvez capturer tout ce que vous trouvez dans le monde, alors il vaut la peine de vérifier l'IlluviDEX où vous pouvez acquérir des tessons.

Armes

Dans Illuvium, les Illuviaux ne sont pas les seuls à se battre. Vous, en tant que personnage joueur, participez à la bataille en brandissant des armes futuristes qui peuvent être équipées de pierres précieuses qui stockent l'essence des Illuviaux, vous permettant d'émettre une aura qui renforce vos Illuviaux au combat. Votre choix d'armes détermine également votre classe, ce qui donne des avantages supplémentaires à votre équipe. Les armes peuvent être vendues sur l'IlluviDEX comme la plupart des autres NFT du jeu.

Armure

Également forgée à partir d'objets extraits de l'Illuvium, l'armure est votre défense contre les bêtes que vous combattez. Si votre armure est trop endommagée, vous devrez peut-être attendre qu'elle se régénère. Cependant, votre choix d'armure peut influencer la bataille, car chaque combinaison a des propriétés différentes. Choisir la bonne pour vous et votre équipe est l'une des nombreuses décisions que vous prendrez dans le jeu. Les armures peuvent être vendues sur l'IlluviDEX comme la plupart des autres NFT du jeu.

Imbues

Les imbues sont des modifications cosmétiques qui peuvent ajouter de la valeur à la collection d'un joueur. Les imbues sont modulaires par nature et peuvent être appliquées à plusieurs objets ou bien vous pouvez décider de les vendre sur l'IlluviDEX. Différents objets du jeu peuvent être imprégnés, comme les armes, les armures et même votre drone.

Avant le lancement du jeu, les détenteurs d'ILV peuvent choisir d'en miser pour accéder au programme de liquidité minière (un type de « yield farming » qui est devenu populaire avec les protocoles DeFi où les équipes fondatrices cherchent à décentraliser la gouvernance du protocole). Le but du programme de liquidité minière est de distribuer des ILV du trésor d'Illuvium aux premiers membres de la communauté d'Illuvium pour obtenir une détention distribuée de jetons ILV au sein d'une plus grande partie de la communauté ; inciter de nouvelles personnes à participer à la communauté Illuvium ; et permettre un marché plus liquide et transparent pour la négociation des ILV. Plus la taille de la communauté Illuvium est importante, plus les perspectives de gouvernance décentralisée et d'autorégulation de la communauté sont grandes, ce qui décourage les mauvais acteurs et la manipulation de la gouvernance et du jeu. Une fois le jeu lancé, les utilisateurs peuvent miser $ILV pour montrer qu'ils croient et soutiennent le jeu et son modèle de gouvernance, et avoir accès à la gouvernance et aux distributions grâce aux droits perçus dans le jeu.

Protocole entièrement décentralisé, Illuvium représente une nouvelle ère dans le domaine des jeux. Il a été conçu dès le départ pour soutenir sa pérennité et celle de sa gouvernance Illuvium autant que pour offrir aux joueurs une expérience de jeu blockchain de haut niveau. Ce qui rend Illuvium unique, c'est que les *stakers* reçoivent des distributions régulières et peuvent voter sur tout, des questions liées aux tokenomics aux fonctionnalités du jeu lui-même. Avec Illuvium, le pouvoir de définir le projet à l'avenir est délibérément laissé à ceux qui participent au protocole.

Pourquoi Illuvium a-t-il choisi ImmutableX ?

L'un des principaux problèmes auxquels les projets NFT et les utilisateurs sont actuellement confrontés est le coût des transactions sur le réseau Ethereum. Le nombre de transactions qu'Ethereum peut gérer étant limité, les utilisateurs du réseau ont fait monter les frais d'essence pour s'assurer que leurs transactions soient réglées rapidement. Le coût moyen du transfert d'un NFT s'élevant à 15 dollars au moment de la rédaction de ce livre, le volume des transactions pour les NFT s'est effondré.

ImmutableX change cela en permettant aux utilisateurs d'échanger leurs NFT sans payer de frais d'essence en utilisant ce que l'on appelle un Zero-Knowledge (ZK) Rollup. Outre les économies réalisées sur les frais d'essence, cette méthode présente de nombreux avantages, notamment :

- Vous maintenez l'autodépositaire de vos NFT avec le même niveau de sécurité que la chaîne principale Ethereum, ce qui n'est pas vu dans les solutions alternatives de mise à l'échelle comme Matic et xDai.
- Les transactions sont instantanées et le retour à la chaîne principale Ethereum est fiable et vérifiable. Contrairement aux autres solutions, il n'est pas nécessaire de posséder un jeton L2 unique pour acheter, vendre, envoyer ou recevoir des NFT. Illuvium vous offre des mécanismes de jeu et un design plus intéressants et plus attrayants grâce à la frappe hors chaîne. ImmutableX fournira des calculs généraux complets dans un futur proche grâce à Cairo, une technologie développée par leurs partenaires de StarkWare.

9000 transactions par seconde

ImmutableX se concentre également sur l'amélioration de la liquidité des NFT pour s'assurer qu'en tant qu'acheteur, vous trouvez ce que vous cherchez et qu'en tant que vendeur, vous pouvez trouver un acheteur. Cela se fait de plusieurs façons :

- Ils ont créé ce que l'on appelle un « ordre de métadonnées », c'est-à-dire la possibilité pour les acheteurs d'acquérir rapidement et facilement des actifs (individuellement ou en vrac) sur la base des propriétés sous-jacentes d'un NFT (ou métadonnées). Il s'agit d'une avancée majeure par rapport aux transactions actuelles où les utilisateurs sont souvent obligés de trier des milliers de NFT qui diffèrent très légèrement pour trouver ce qu'ils recherchent au meilleur prix.
- ImmutableX offre une liquidité commune permettant aux actifs d'être cotés instantanément sur chaque Bourse qui supporte ImmutableX.

Les mécanismes de base d'Illuvium : monnaie, brûlage et échange

Depuis le tout début, le paradigme standard de la plupart des jeux NFT était inintéressant et manquait d'utilité : il s'agissait d'acheter un actif numérique et d'espérer qu'il prenne de la valeur. Certains jeux ont ensuite permis d'acheter des NFT et de jouer avec dans une partie. Bien qu'il s'agisse d'une amélioration certaine, les développeurs ont estimé que l'expérience ne suffisait pas. Il devait y avoir un moyen d'établir un lien émotionnel entre les joueurs et leurs collections. Ils ne sont pas les seuls à avoir vu cette lacune et l'opportunité qui en découle, mais ils ont voulu apporter la solution la plus distinctive et la plus originale : une expérience émotionnelle qui soit constamment intrigante et gratifiante tout au long du processus, de la découverte à l'échange.

À l'intérieur d'Illuvium, vous rencontrez des créatures sauvages, mystérieuses et combatives. Au cours de votre voyage, vous devez les chasser, les vaincre et les capturer. Pour ce faire, vous avez besoin d'un tesson, un éclat de cristal spécialement conçu pour emprisonner la signature quantique de la bête. La qualité de votre tesson détermine vos chances de capture. En cas de capture réussie, un nouveau jeton NFT représentant l'Illuvial est frappé et stocké dans votre portefeuille. Lorsque vous parvenez à en capturer plusieurs du même type, vous les fusionnez, ce qui brûle les jetons existants et frappe une créature plus puissante. ImmutableX rend ce processus vital beaucoup plus facile en supprimant les distractions et en permettant aux joueurs d'explorer et de profiter simplement du monde. Les joueurs ne sont pas bombardés par des frais d'essence constants pour chaque petit changement apporté à leur collection. Les transactions se font beaucoup plus rapidement, ce qui permet aux joueurs de se concentrer sur ce qu'ils sont venus faire ici : explorer, collectionner, combattre et gagner.

Acheter des ILV

Étape 1 : Créer un compte Binance

La première chose que vous devez faire est de créer un compte Binance NFT. Pour cela, visitez le site officiel de Binance. Assurez-vous d'éviter les imitations du site authentique afin d'éviter les escroqueries par phishing. Une fois que vous y êtes, trouvez l'onglet «Register», et remplissez vos détails de négociation. Ensuite, vous devez choisir un mot de passe fort pour l'adresse électronique que vous avez choisie.

Veillez à ce qu'il soit composé de chiffres, de symboles et d'alphabets en majuscules et en minuscules. Une fois cette étape franchie, vous recevrez un code à 6 chiffres dans votre courrier. Ce code sert à vérifier votre compte. Remplissez-le, et vous aurez terminé le processus d'enregistrement.

Après votre première connexion, vous pouvez autoriser l'utilisation de l'authentification à deux facteurs facultatifs pour rendre votre compte Binance plus sûr.

Étape 2 : Achetez des ETH

Une fois que vous avez un compte Binance, vous devez transférer de l'argent vers votre portefeuille cryptographique. Vous pouvez le faire en utilisant votre compte bancaire par le biais du transfert d'argent SWIFT. Vous pouvez également utiliser votre carte de débit/crédit. Il est recommandé d'acheter d'abord des Ethereums ETH.

Ensuite, vous pouvez l'échanger contre Illuvium (ILV). Pour l'achat, trouvez l'option « Acheter Crypto », puis choisissez la devise et l'option de facturation. Une fois que c'est fait, vous devez sélectionner le bitcoin que vous souhaitez et le montant que vous allez dépenser pour celui-ci.

Une fois que vous avez terminé, il suffit de cliquer sur l'onglet « Acheter ETH » et d'accéder à la fenêtre de paiement. Suivez toutes les étapes, téléchargez les documents nécessaires, et votre compte sera crédité des ETH que vous achetez.

Étape 3 : Créer un compte Metamask

Après les étapes mentionnées ci-dessus, si ce n'est déjà le cas, vous devez créer un compte Metamask. Pour cela, vous pouvez soit visiter leur site Web ou simplement trouver l'extension Metamask pour le navigateur de votre ordinateur et l'installer. Après cela, vous devez créer un portefeuille de cryptomonnaies ou utiliser votre portefeuille de cryptomonnaies existant et l'ajouter au compte. Pour ce compte également, vous devrez créer un mot de passe fort.

Étape 4 : Déposer des Ethereum ou des jetons

L'étape suivante pour acheter de l'Illuvium en utilisant Metamask consiste à déposer les jetons dans le MetaMask Wallet. Pour cela, recherchez l'onglet « Account Name ». Cliquez et copiez votre adresse en utilisant l'option « copier dans le presse-papiers ». Ensuite, vous devez copier cette adresse dans le champ « destinataire » de l'application à laquelle vous allez envoyer votre Ethereum ou vos jetons.

Une fois cela fait, vous devez choisir le montant que vous voulez envoyer au portefeuille Metamask. Ensuite, suivez toutes les instructions qui vous parviennent étape par étape, et terminez la transaction. Veuillez noter que vous devez choisir l'option « Ethereum (ETH) ERC20 » comme réseau de transfert. De plus, n'oubliez pas que les étapes pour transférer votre Ethereum ou vos jetons vers le portefeuille dépendront de l'application que vous utilisez pour cela.

Étape 5 : Effectuer votre première transaction

Après le dépôt de jetons, vous devez passer à la réalisation de votre transaction et, pour cela, vous aurez besoin de Sushiswap. Il vous suffit de vous rendre sur le site d'échange Sushiswap et de cliquer sur le bouton « Connect to a wallet » en haut à droite de la page. Ensuite, vous devez vous connecter avec le porte-monnaie Metamask (ou celui avec lequel vous souhaitez faire des échanges).

Ici, vous pouvez facilement choisir le jeton que vous souhaitez échanger avec un autre et utiliser simplement le bouton « Swap ». Ensuite, confirmez l'échange et fixez les frais au nombre souhaité pour terminer le processus. Une fois que vous avez terminé, vos jetons (Illuvium) apparaîtront dans votre portefeuille et vous pourrez passer à l'étape finale.

Guild of Guardians

Principe

Guild of Guardians est un jeu développé par Stepico Games et publié par Immutable. Stepico est un studio de développement de jeux mobiles qui a sorti plusieurs titres avec plus de cinq millions de téléchargements, tandis qu'Immutable est l'une des plus grandes start-up blockchain financées par de l'investissement en capital-risque et l'équipe derrière *Gods Unchained* et ImmutableX. *Guild of Guardians* est un RPG multijoueur, fantastique et d'action où les joueurs construisent leur équipe de rêve de gardiens et s'affrontent dans une guilde pour gagner des récompenses épiques.

La vision des développeurs du jeu est de construire le RPG le plus populaire au monde où des millions de joueurs pourront transformer leur passion du jeu en actifs réels. Les développeurs ne s'arrêtent pas là, car ils souhaitent aussi bouleverser l'industrie du jeu et construire l'avenir du PlayToEarn – un monde où les joueurs peuvent jouer à un jeu qu'ils aiment, tout en gagnant de l'argent et en l'échangeant dans le cadre d'une économie massive en monde ouvert. Un objectif très ambitieux qui exigera beaucoup d'énergie et de ressources, mais surtout une masse critique de joueurs.

Guild of Guardians a l'ambition d'être un jeu amusant et captivant. Une combinaison de RPG d'action, de stratégie profonde, d'un métajeu d'économie commerciale dynamique et d'un jeu axé sur la vie sociale qui gardera les joueurs engagés le plus longtemps possible. Il y aura une économie profonde et durable dans *Guild of Guardians* où les joueurs pourront jouer gratuitement et gagner des NFT et des jetons. Tout comme l'économie du monde réel, ils pourront choisir leur spécialisation ou leur mode de jeu dans l'économie de *Guild of Guardians*. Les développeurs comprennent la valeur qu'une communauté apporte au jeu. *Guild of Guardians* impliquera et récompensera la communauté pour sa contribution à la croissance de l'écosystème global, et permettra aux créateurs de bâtir des entreprises à long terme dans le métavers de *Guild of Guardians*.

Guild of Guardians sera disponible sur iOS et Android, ce qui le rendra accessible à tous. La technologie sous-jacente sera basée sur ImmutableX, permettant aux joueurs de profiter d'échanges instantanés et sans frais d'essence, éventuellement sans même savoir qu'ils utilisent la blockchain.

Dans ce jeu, les joueurs emmèneront leur équipe de héros dans des donjons difficiles pour collecter des ressources et gagner de l'expérience. Ils pourront utiliser ces ressources pour fabriquer des objets ou invoquer des héros qui pourront être échangés contre de l'argent réel. Les joueurs pourront constituer l'équipe de leurs rêves et travailler avec leur guilde pour gagner des prix de classement et des prix saisonniers.

Guild of Guardians s'est associé à Guardians Guild Limited qui émet et distribue une monnaie du jeu qui sera utilisée dans le jeu mobile *Guild of Guardians*. La monnaie du jeu, appelée Gems (« gemmes » en français), est un jeton ERC-20 qui est créé, émis et distribué par Guardians Guild Limited. Les joueurs peuvent gagner des gemmes gratuitement en jouant au jeu et doivent dépenser des gemmes chaque fois qu'ils veulent frapper un nouvel actif sur la blockchain, faire un achat de vente primaire ou secondaire, ou voter sur des décisions importantes du jeu.

L'un des aspects uniques de l'économie de gemmes de *Guild of Guardians* est le «*pool* de récompenses». Toute gemme utilisée dans le jeu (par exemple, pour fabriquer des objets nécessaires à l'invocation des héros) y sera envoyée de façon à permettre le stacking. En outre, 20 % de toutes les ventes primaires, ainsi que 20 % des frais d'échanges secondaires à *Guild of Guardians*, doivent être payés en gemmes. Les gemmes utilisées de cette manière sont transférées vers un *pool* de récompenses et distribuées proportionnellement à tous les détenteurs de gemmes qui en mettent activement en jeu. Les gemmes seront également utilisées pour la gouvernance et les votes.

Comment investir sur Guild of Guardians ?

Il existe plusieurs façons pour les joueurs de gagner de l'argent en jouant à *Guild of Guardians*. Le jeu disposera également de systèmes permettant d'éviter que les acteurs de mauvaise foi n'inondent le marché, afin de garantir que les joueurs légitimes et leurs biens conservent leur valeur au fil du temps.

Artisanat de guilde

Le seul moyen de créer des objets NFT dans *Guild of Guardians* est de passer par les guildes. Les matériaux d'artisanat seront déposés dans les donjons. Les joueurs peuvent apporter des matériaux d'artisanat à leur guilde pour fabriquer des objets de la blockchain, qui seront automatiquement envoyés sur le marché pour être vendus. Les profits seront automatiquement répartis proportionnellement à la contribution de chaque joueur.

L'artisanat d'équipement nécessitera tous types de matériaux, y compris ceux que l'on ne peut trouver que dans les donjons de bas niveau ou en utilisant des héros de factions spécifiques, ce qui signifie que les joueurs nouveaux et expérimentés jouent un rôle spécialisé dans l'artisanat de guilde et doivent travailler ensemble. En outre, certains matériaux d'artisanat ne seront disponibles que pour les héros d'une certaine faction, ce qui ajoute encore plus de spécialisation économique et de profondeur stratégique.

Fusion de héros

Dans *Guild of Guardians*, il y aura un ensemble de héros jamais vendus qui ne pourront être que «fusionnés». Les joueurs peuvent jouer gratuitement pour gagner des héros communs (qui ne sont pas échangeables). Les joueurs peuvent ensuite fusionner plusieurs héros pour obtenir des héros d'une plus grande rareté (*échangeables*), ce qui signifie que les joueurs peuvent jouer gratuitement et finir par posséder des héros légendaires. Les héros qui sont générés par la fusion créent une économie purement dirigée par les joueurs, car les héros fusionnés ne seront pas vendus par la Guilde des Gardiens.

Les matériaux d'artisanat seront abandonnés dans les donjons. Les joueurs peuvent apporter des matériaux d'artisanat à leur guilde pour fabriquer des objets de la blockchain, qui seront automatiquement envoyés sur le marché pour être vendus et les bénéfices seront répartis en fonction de la contribution de chaque joueur.

Récompenses quotidiennes en gemmes

Les gemmes de *Guild of Guardians* seront distribuées quotidiennement aux joueurs qui participent au jeu. Pour ce faire, les joueurs devront atteindre certaines étapes de progression, accomplir des quêtes quotidiennes ou réaliser d'autres activités de jeu.

Prix du classement

Les guildes seront en compétition les unes avec les autres pour gagner des prix de classement. Ces prix seront remis à zéro chaque saison et sont conçus pour récompenser les joueurs les plus compétitifs. Les prix seront échelonnés : il y aura des prix globaux pour lesquels toutes les guildes seront en compétition, ainsi que des prix spécialisés pour lesquels les guildes seront en compétition dans leur catégorie (par exemple, la coupe des aventuriers pour toutes les guildes d'aventuriers).

Les gemmes Guild of Guardians

Les GOG

Les gemmes de *Guild of Guardians* sont un jeton ERC-20 (GOG). Elles sont créées, émises et distribuées par Guardians Guild Limited, qui a établi un partenariat avec *Guild of Guardians*. Les gemmes sont le centre de la communauté. Les détenteurs peuvent utiliser les gemmes dans le jeu, réclamer des récompenses par le biais d'un jalonnement actif et façonner l'avenir du jeu lors de votes de gouvernance clés. Les joueurs pourront également gagner des GOG en jouant au jeu mobile *Guild of Guardians* et grâce à des récompenses communautaires discrétionnaires pour des activités qui enrichissent l'écosystème *Guild of Guardians*.

Utilisations des GOG

- Mise en jeu active : les joueurs peuvent miser leurs jetons pour recevoir des récompenses GOG. Les joueurs doivent participer activement à l'écosystème de *Guild of Guardians* pour avoir droit aux récompenses.
- Paiement : GOG est la principale monnaie utilisée dans l'univers de *Guild of Guardians*. Les nouveaux NFT ne peuvent être frappés qu'avec GOG, et peuvent également être achetés et vendus en GOG via le marché des NFT.
- Gouvernance : les détenteurs de jetons peuvent voter sur les décisions importantes du jeu et les propositions liées aux jetons via une gouvernance décentralisée.
- Pour acheter des GOG, il vous suffit juste d'avoir un compte Metamask approvisionné de quelques ETH, puis de simplement les échanger contre des GOG sur Sushiswapp.

Gensokishi Online

Principe

Prenez *Elemental Knights Online*, ajoutez-y un soupçon de NFT et un zeste de métavers, et vous obtiendrez *Gensokishi Online*. Il s'agit d'un jeu qui aspire à tirer parti de la technologie blockchain et de ses dérivés pour offrir un *gameplay* amusant et attrayant, et de projeter le tout dans le métavers.

L'équipe de développement de Gensokishi présente le jeu comme une « incarnation d'*Eternal Knights* dans la nouvelle économie et le métavers[33] ». Et c'est précisément là que commence toute l'excitation qui l'entoure. L'adaptation au Web 3.0 d'un titre aussi populaire, avec les particularités d'un jeu de type PlayToEarn sera certainement un succès. En outre, *Gensokishi Online* dispose déjà d'une plateforme MMORPG bien établie avec huit millions d'utilisateurs actifs et se targue d'être le seul jeu PlayToEarn avec treize ans d'expérience. Tous ces facteurs donnent à

33. Shawn Johnson, « Gensokishi Online – a 3D MMORPG with a fantasy world economy on the Metaverse – BeInCrypto », BizCrastNet, 13 juin 2022.

Gensokishi Online une avance cruciale sur le marché très concurrentiel du jeu PlayToEarn.

Qu'est-ce que *Gensokishi Online* a de si unique ? L'équipe qui supervise le projet promet que Gensokishi Online n'est pas simplement un autre MMORPG 3D ordinaire. Au contraire, il aspire à construire un métavers unique et une économie en jeu qui s'adresse à la fois aux utilisateurs individuels et aux entreprises. Parmi les ajouts uniques promis par l'équipe de développement, citons la possibilité pour les utilisateurs de :

- concevoir, créer et vendre leur équipement et leurs *skins* originaux ;
- créer leurs propres monstres et PNJ ;
- acheter des terrains virtuels (continents et cartes) dans le métavers de *Gensokishi Online* et le développer pour que d'autres utilisateurs puissent venir l'explorer.

Les terrains

Principes de base

Vous pouvez donc acheter votre propre parcelle de terrain, votre terrain aura la taille de 384 x 384 m (des parcelles seront fournies pour chaque région). Le terrain, de forme libre, est relié à d'autres terrains. Chaque terrain est relié par quatre portes et vous devez toujours construire quatre portes pour entrer dans les terrains voisins à l'est, à l'ouest, au sud et au nord. Pour entrer ou sortir de la terre voisine, vous devez passer par une porte. La carte que vous créez dans la Terre peut être modifiée librement à l'aide des outils. Les bâtiments peuvent également être créés librement.

Le nombre de PNJ qui peuvent être placés dans un même terrain est fixe et peut être placé librement. Si un joueur veut augmenter le nombre de PNJ, il faudra qu'il en achète avec des MV. Les PNJ le dialogue, l'apparence et le sexe des PNJ peuvent être définis librement. Les costumes que portent les PNJ peuvent être obtenus sous forme de NFT. Sur votre territoire, vous pourrez choisir librement l'emplacement des monstres, eux aussi peuvent être achetés sous forme de NFT. Vous pouvez choisir le butin que les monstres vont laisser aux joueurs qui viendront les occire sur votre terrain. Si une barrière dans un terrain est placée dans une position où elle ne peut pas être déplacée, ou s'il y a un flot de plaintes de la part des autres utilisateurs, l'entrée de ce terrain sera verrouillée.

Achat de terres

Les terrains seront vendus aux enchères, tout comme les équipements de *cosplay* NFT. Il y a plusieurs façons de gagner des revenus à partir de ces terres. Par exemple, lorsque d'autres joueurs jouent sur un terrain, le propriétaire reçoit une prime. Les autres joueurs paient un droit d'entrée (ROND) lorsqu'ils entrent sur la carte. Le droit d'entrée est partagé 85 % reviennent au propriétaire du terrain et 15 % au développeurs, pour frais de gestion. L'un des grands avantages de ces ajouts serait que les entreprises ne devront plus créer des MMORPG à partir de zéro, mais utiliser le moteur du jeu à leurs propres fins, en échange d'une petite commission à payer en jetons MV.

L'économie du jeu est centrée sur deux monnaies basées sur Polygon ERC20, à savoir les jetons ROND et MV. Le jeton MV adopte la blockchain Polygon. Le jeton MV a été cotée sur Bybit, l'une des plus grandes bourses du monde, il l'est également sur d'autres échanges, notamment UniSwap, et de nombreuses autres bourses centralisées.

Jetons ROND et MV

Le jeton ROND peut être échangé contre un miniROND (*mROND*) et être introduit dans le métavers. Le jeton MV est également coté sur d'autres bourses diverses, notamment UniSwap, et de nombreuses autres bourses centralisées. La monnaie mROND peut être utilisée pour diverses activités économiques telles que la production, la distribution et la consommation dans le métavers. Par exemple, la monnaie mROND peut être utilisée pour acheter des objets, des armes de base et des armures ; pour payer la participation à différents modes, événements et quêtes qui ne sont disponibles que sous certaines conditions ; pour renforcer et forger l'équipement de base ; pour échanger des NFT ; et pour produire des cartes UGC (*user generated contents*).

En vendant des objets obtenus lors d'aventures dans le monde fantastique ou en battant des monstres dans le métavers, *Gensokishi* établit un environnement « Play to ECO » et des mROND peuvent être gagnés. L'une des caractéristiques les plus importantes du métavers est que les mROND gagnés peuvent également être échangés contre des ROND.

Le jeton MV est le jeton de gouvernance du métavers de Genso. En possédant des jetons MV, les joueurs reçoivent divers droits et privilèges à l'intérieur et à l'extérieur du métavers. Par exemple, pour enchérir sur des enchères, vous avez besoin de MV. La fonction UGC est une fonction importante du métavers et pour débloquer cette fonction, vous devez miser un certain montant de MV. L'UGC permet aux utilisateurs de gagner de l'argent en concevant/créant des cartes, des PNJ et des *cosplay* NFT originaux. De plus, en misant MV, les joueurs reçoivent du ROND, le jeton en jeu.

Chapitre 7

L'écosystème NFT dans le métavers

« Le métavers ne sera pas seulement un endroit pour jouer. Les mondes du futur seront photoréalistes, obéiront aux lois de la physique et seront habités par des avatars humains et des IA. Nous créerons un avenir dans ces métavers avant de télécharger les plans pour les déployer dans le monde physique. »

Jen-Hsun Huang

À mesure que l'économie du métavers se développe, l'importance des NFT ne fera que s'accentuer. Des entreprises de plusieurs secteurs expérimentent déjà les NFT pour le marketing des produits, l'engagement des clients, la fidélité à la marque et les jumeaux numériques. Et comme le métavers devient de plus en plus interconnecté, les applications potentielles des NFT ne feront que se multiplier. OpenSea, une place de marché NFT, a levé 300 millions de dollars à une valorisation de 13,3 milliards dans un financement de série C en janvier 2022. Ce n'est qu'un exemple de l'intérêt croissant pour les NFT et de leur potentiel économique révolutionnaire pour le métavers. Les NFT sont uniques et ne peuvent être reproduits. En raison de leur rareté, ils sont de plus en plus populaires et de nombreuses personnes les achètent et les vendent comme objets de collection. Avec un tel potentiel, il est clair que les NFT sont appelés à jouer un rôle majeur dans l'économie du métavers pour les années à venir.

Qu'est-ce qu'un NFT ?

Un jeton non fongible, ou NFT, est un actif numérique qui représente quelque chose d'unique. Ces actifs sont stockés sur une blockchain, qui est, comme nous l'avons mentionné, la technologie de base du Web 3.0. Les NFT existent depuis plusieurs années, mais ont récemment fait parler d'eux en raison de leur utilisation dans le domaine des jeux, de l'art et d'autres objets de collection numériques. Les NFT présentent plusieurs avantages par rapport aux actifs traditionnels.

Premièrement, ils sont beaucoup plus difficiles à contrefaire que les actifs physiques. Les NFT sont stockés sur la blockchain qui est un registre décentralisé et distribué. Cela signifie qu'il n'y a pas de point de défaillance unique, ni de tiers de confiance. La blockchain est sécurisée par cryptographie, ce qui rend très difficile la contrefaçon d'un NFT. La nature décentralisée de la blockchain améliore la sécurité et l'immuabilité, car les données sont stockées sur un réseau d'ordinateurs plutôt que dans un ordinateur central : il est donc difficile pour les pirates d'altérer ou de détruire les données, et les transactions peuvent être vérifiées et authentifiées par plusieurs parties.

Les NFT basés sur la blockchain sont plus liquides que les actifs traditionnels, car ils peuvent être facilement échangés ou vendus en ligne sans avoir recours à des intermédiaires. Les utilisateurs peuvent ainsi convertir rapidement et facilement leurs NFT en espèces ou en autres actifs. La technologie blockchain peut contribuer à réduire les coûts de transaction, car aucun intermédiaire n'intervient dans le processus, cela est particulièrement avantageux pour les utilisateurs qui souhaitent acheter ou vendre des NFT en grandes quantités. Dans l'ensemble, la technologie blockchain offre un certain nombre d'avantages aux NFT en les rendant plus sûrs, plus fiables et plus liquides.

Deuxièmement, comme les NFT sont stockés et transférés numériquement, ils sont faciles à échanger et à négocier sans avoir besoin d'une autorité centrale. Malgré tout, bien que les NFT résident sur des blockchains, réputées pour leur impénétrabilité par les pirates informatiques, elles restent vulnérables au vol. Il y a eu plusieurs piratages très médiatisés au cours desquels des pirates ont volé des millions de dollars de NFT. En février 2022, un pirate a volé plus d'un million de dollars de NFT à OpenSea[34].

34. Shanti Escalante-De Mattei, « Hacker Steals $1.7 M. in NFTs on OpenSea, Leaving Users Confounded », *ARTnews*, 22 février 2022.

OpenSea est la première et, à l'heure où nous écrivons ces lignes, la plus grande place de marché pour les NFT. Les pirates ont envoyé un courriel aux utilisateurs d'OpenSea, leur demandant de cliquer sur un lien pour transférer leurs avoirs vers le nouveau système de contrat. En cliquant sur ce lien trompeur, les utilisateurs ont par inadvertance donné aux pirates l'accès à tous les actifs qu'ils possédaient dans leur portefeuille Ethereum.

La meilleure façon de protéger vos NFT contre le vol est de prendre des précautions de base et d'être conscient des risques. L'une des choses les plus importantes que vous pouvez faire pour protéger vos NFT est de ne jamais partager votre phrase secrète, celle qui vous permet d'accéder à vos NFT, car si un pirate informatique s'en empare, il peut facilement vous voler en quelques minutes. En outre, vous ne devez jamais stocker votre phrase secrète sur votre ordinateur ou tout autre appareil. Il est également important de faire attention aux liens sur lesquels vous cliquez et aux personnes avec lesquelles vous partagez votre écran. Ne cliquez jamais sur des liens auxquels vous n'avez pas confiance et ne partagez votre écran avec personne, à moins d'être absolument sûr qu'il s'agit d'une personne légitime. N'oubliez pas que si une offre semble trop belle pour être vraie, il s'agit probablement d'une arnaque. Enfin, activez l'authentification en deux étapes sur tous les comptes associés à vos NFT. Cela ajoutera une couche supplémentaire de sécurité et rendra l'accès à votre compte plus difficile pour les pirates. Vous devriez également envisager de stocker vos NFT dans un portefeuille matériel. Les portefeuilles matériels sont des dispositifs physiques qui stockent vos NFT hors ligne, à froid, ce qui rend leur vol beaucoup plus difficile pour les pirates.

En fin de compte, la meilleure façon de protéger vos NFT contre le vol est de vous informer et de prendre des précautions de base. Faites attention aux personnes avec lesquelles vous partagez vos informations et faites toujours vos propres recherches avant d'investir dans un NFT. En prenant ces précautions, vous pouvez vous assurer que vos NFT sont à l'abri.

L'histoire des NFT

Les NFT existent depuis près de dix ans maintenant, mais ils n'ont commencé à se généraliser qu'au cours des dernières années. Jetons un coup d'œil à l'histoire des NFT, depuis leurs débuts en tant que « pièces de couleur » à leur récente popularité.

Les premières années des NFT (2012-2016)

Le premier NFT a été créé par l'artiste visuel Kevin McCoy sur la blockchain de Namecoin en 2014. À l'époque, les NFT étaient initialement connus sous le nom de « *coloured coins* » – ce n'est qu'en 2017 que le terme de « NFT » a vu le jour pour ces cryptomonnaies de collection. Ce premier NFT, intitulé *Quantum*, a été vendu aux enchères par Sotheby's en juin 2021 pour 1,47 million de dollars américains[35]. La première et la plus célèbre utilisation de NFT dans un jeu mobile est *Spells Of Genesis*. Lancé à l'origine sur la blockchain Bitcoin en 2015, ce jeu permet aux joueurs de collecter des cartes (NFT) qui peuvent être combinées pour créer des decks plus forts. Un an plus tard, les NFT ont connu la montée en puissance des mèmes. Les tout premiers Pepes rares ont été minés sur Bitcoin. Les NFT n'ont pas eu une longue durée de vie sur la blockchain Bitcoin, en raison des frais de transaction élevés et de la lenteur du traitement. La communauté Bitcoin a également estimé que l'espace et le trafic générés par les NFT nuisaient à l'objectif principal du Bitcoin, qui est d'être utilisé comme une monnaie numérique. Cela a donné lieu à un *hard fork* et à la création de Litecoin en 2011. Litecoin est devenu la blockchain de référence pour les NFT jusqu'à l'arrivée d'Ethereum en 2015. L'avancée qui a rendu les NFT sur Ethereum si populaires est la norme ERC-721 : il s'agit d'une norme qui a permis de créer des NFT uniques et pas seulement des nuances de la même couleur.

Les NFT se généralisent (2017-2020)

Les NFT sont devenus très populaires au cours des dernières années, et de plus en plus de personnes et d'entreprises ont pris conscience de leur potentiel. Depuis 2017, les NFT vivent principalement sur la blockchain Ethereum. En effet, Ethereum offre deux caractéristiques essentielles que le bitcoin ne possède pas : les contrats intelligents et les jetons ERC-721. Les contrats intelligents sont essentiels pour frapper les NFT, car ils automatisent le processus de création et de transfert de ces actifs numériques. Quant aux jetons ERC-721, comme dit plus haut, il s'agit d'un type de jeton non fongible qui permet à chaque NFT d'être unique, ce qui est

35. Voir, à ce propos, Shanti Escalante-De Mattei, « Sotheby's, Artist Kevin McCoy Sued Over Sale of $1.5 M. NFT », *ARTnews*, 2 septembre 2022.

parfait pour les objets de collection numériques rares. Grâce à ces caractéristiques, Ethereum est devenue la plateforme de prédilection pour les NFT, mais elle n'est pas sans inconvénient. Le problème le plus important est l'évolutivité : en raison de la forte demande de NFT, les réseaux Ethereum sont fréquemment encombrés et la lenteur des transactions entraîne des coûts qui peuvent parfois dépasser la valeur du jeton lui-même ! Par conséquent, de nombreux particuliers ont cherché des plateformes alternatives. Cela a créé des situations de marché idéales pour que le capital-risque entre sur le marché de la blockchain NFT. Ces investissements ont conduit à l'essor de plateformes alternatives telles que Solana, Binance Smart Chain, EOS, Tezos et Tron qui offrent une meilleure évolutivité et des vitesses de transaction plus rapides. Si Ethereum reste toujours le choix le plus populaire pour les NFT, ces alternatives gagnent du terrain et pourraient finir par dépasser Ethereum comme plateforme de référence pour les NFT.

En novembre 2017, le jeu *CryptoKitties* a été lancé sur Ethereum. Le jeu utilise les fonctions de contrat intelligent de la blockchain pour permettre aux joueurs d'acheter, de collectionner, d'élever et de vendre des chats virtuels. Ce jeu en ligne a été le signe précoce du potentiel de la technologie blockchain pour être autre chose que des transactions financières ou le stockage d'actifs numériques. Le jeu est devenu viral en décembre 2017, entraînant des congestions sur le réseau Ethereum. Cela a eu pour conséquence une augmentation des frais de transaction et un ralentissement des vitesses pour tous ceux qui utilisent Ethereum. Alors que certains ont vu *CryptoKitties* comme un divertissement inoffensif, d'autres ont soulevé des inquiétudes quant aux possibles implications négatives du jeu. Certains craignaient en effet qu'il ne soit utilisé pour blanchir de l'argent ou créer de fausses identités. D'autres s'inquiétaient que le jeu puisse centraliser le pouvoir au sein de l'écosystème Ethereum, ce qui pourrait affecter sa stabilité à long terme. En janvier 2018, *CryptoKitties* est devenu la première application décentralisée à dépasser le million de transactions. En mai de la même année, le jeu avait réalisé plus de 12 millions de dollars de ventes et avait donné naissance à un certain nombre de copies et plagiats. Bien que *CryptoKitties* ne soit plus l'un des jeux les plus populaires sur le réseau Ethereum, il reste dans le top 10 et constitue un exemple important du potentiel révolutionnaire de la technologie blockchain et des objets de collection NFT.

L'année du NFT : 2021

Le 11 mars 2021, Christie's a vendu aux enchères une œuvre d'art entièrement numérique pour près de 70 millions de dollars. L'œuvre, *Everydays: The First 5,000 Days*, est un collage de 5000 images réalisé par un artiste connu sous le nom de Beeple. Cette vente représente une étape importante pour l'adoption publique des NFT. Cette vente record a alimenté l'engouement pour les NFT, de plus en plus de marques et de célébrités ont adopté l'art numérique. Christie's est une maison de vente aux enchères mondialement reconnue et cette vente a cimenté l'essor des jetons non fongibles[36].

Le besoin mondial de NFT a explosé alors que les gens investissaient de l'argent dans l'art numérique, les jeux de la NBA et les tweets. Le premier tweet de Jack Dorsey, datant de 2006, a été vendu en tant que NFT pour près de trois millions de dollars. L'engouement pour les NFT a rapidement pris le dessus, avec des noms célèbres impliqués et beaucoup d'argent investi. Ce n'était qu'une question de temps avant que les NFT ne se généralisent.

Le monde entier se numérisant à une vitesse exponentielle, chaque marque et chaque entreprise tente de s'imposer en ligne. Les NFT offrent à ces marques la possibilité de le faire d'une manière unique et attrayante. L'année 2021 a également vu le changement de nom de Facebook en Meta. Une initiative audacieuse pour maintenir la position dominante du réseau social dans cette révolution qu'est le Web 3.0 et les NFT.

L'histoire des NFT est relativement courte, mais elle est déjà remplie de jalons et de développements importants. De leur utilisation précoce dans des jeux comme *CryptoKitties* à leur récente explosion de popularité, les NFT ont parcouru un long chemin en peu de temps. L'année 2021 a marqué un tournant dans l'adoption des NFT, qui sont passés d'une technologie de niche à une technologie grand public.

2022 n'aura pas été une année facile pour les cryptomonnaies, surtout avec la chute du Bitcoin, mais les choses semblent repartir du bon pied en 2023 et l'industrie des NFT semble suivre positivement cette tendance.

---

36. Sotheby's, « Natively Digital: A Curated NFT Sale », 10 juin 2021 et Hannah Denham, Gerrit De Vynck et Rachel Lerman, « What is an NFT, and how did an artist called Beeple sell one for $69 million at Christie's? », *The Washington Post*, 12 mars 2021.

Prenons comme exemple le San Francisco Museum of Modern Art qui vient d'acquérir son premier NFT, une œuvre intitulée *Final Transformation #2* de Lynn Hershman Leeson. Ce NFT fait partie d'une édition de deux exemplaires, dont le premier a été acquis par un acheteur anonyme pour 9 000 dollars lors de la vente aux enchères annuelle du San Francisco Museum of Modern Art, le second ayant été offert par l'artiste au musée. Selon le communiqué de presse du musée, « ce don renforce l'engagement du SFMOMA à collectionner et à exposer les pratiques artistiques en évolution et l'art du futur[37]. »

Avec l'implication de grands noms comme Christie's et Jack Dorsey, il est clair que les NFT sont là pour rester. À l'avenir, il sera intéressant de voir comment les NFT continuent d'évoluer et comment ils sont utilisés par les marques et les entreprises dans le métavers.

Dans l'histoire des NFT, nous avons vu que l'augmentation de leur popularité provenait principalement de l'art numérique ou des objets de collection numériques. Mais les NFT peuvent représenter bien plus que de l'art, ils peuvent représenter nos biens immobiliers, nos objets en jeu, voire nos avatars. Les possibilités sont illimitées et le potentiel des NFT dans le métavers est énorme. Nous pouvons avoir des mondes virtuels entiers construits sur la blockchain où tout est un NFT, ce qui permet à la propriété numérique d'être claire et indiscutable.

Quels NFT dans le métavers ?

La possibilité de créer des NFT pour le métavers est illimitée. Il y a une grande variété de types de NFT qui peuvent être créés, tels que des personnages, des bâtiments, des terrains, des véhicules, des œuvres d'art numériques, des accessoires de jeux vidéo, etc. Les possibilités sont infinies et les créateurs peuvent laisser libre cours à leur imagination pour créer des NFT uniques et intéressants. S'il est impossible d'en dresser une liste exhaustive, nous pouvons malgré tout vous présenter quelques « incontournables ».

37. SFMOMA, « SFMOMA Announces Acquisition of 63 Works Across Media by an International Group of Established and Emerging Artists », communiqué de presse, 12 janvier 2023.

NFT et jeux vidéo

Des NFT pour un jeu sur mesure

L'importance des NFT est capitale pour le développement des jeux vidéo à venir, en particulier ceux qui s'inscrivent dans le secteur PlayToEarn. Donner vie à ces mondes imaginaires nécessite une création de contenu indispensable, et les NFT sont la clé pour leur donner de la valeur et assurer leur pérennité, ainsi que la rétention des joueurs.

1. Les personnages

Les achats de personnages en jeu sont généralement assez simples. Vous achetez le personnage que vous voulez et c'est tout. Cependant, certains jeux proposent différentes versions d'un même personnage, chacune dotée de capacités ou d'armes, d'armures, d'accessoires et de costumes uniques. Pour la plupart, ces articles sont généralement destinés à être montrés et n'ont pas d'impact réel sur le jeu. Pour beaucoup, il s'agit d'un moyen de montrer leur soutien à leur jeu préféré ou d'exprimer leur individualité. D'autres y voient un moyen de se démarquer de la masse ou de montrer leurs créations numériques. Quelle que soit la raison, il ne fait aucun doute que les objets cosmétiques jouent un rôle important dans la communauté des joueurs. Et comme de plus en plus de jeux proposent des articles cosmétiques à la vente, il est probable que leur popularité ne fera que croître.

2. Skins *ou objets de vanité*

Les *skins* sont généralement de simples objets cosmétiques qui modifient l'apparence de votre personnage ou de votre arme. Cependant, ils peuvent parfois offrir des bonus ou des capacités spéciales qui vous donnent un avantage au combat.

3. Boosts, power-ups *et tricheries*

Les *boosts*, *power-ups* et *cheats* peuvent tous être achetés dans le jeu et vous donnent généralement une sorte d'avantage sur les autres joueurs. Ils peuvent être temporaires ou permanents, selon le jeu, et peuvent aller de choses simples comme l'augmentation des dégâts à des capacités plus complexes comme l'invincibilité.

4. Terrains et propriétés

Dans de nombreux mondes virtuels, les joueurs ont la possibilité d'acheter des terrains ou des biens. Il peut s'agir d'une petite parcelle de terrain pour construire une maison ou d'une île entière.

5. Passes de saison

Les passes de saison donnent accès à tous les futurs contenus téléchargeables (DCL) d'un jeu à un prix réduit : Les passes de saison sont généralement disponibles pour les jeux qui bénéficient d'un support DLC continu. Ils vous donnent accès à tous les futurs DLC à un prix réduit et constituent un excellent moyen d'économiser de l'argent si vous prévoyez d'acheter tous les DLC d'un jeu.

6. Boîtes à butin ou coffres à trésor

Ils contiennent généralement des créations numériques qui peuvent être utilisées dans le jeu, comme de nouveaux vêtements pour un personnage, un mouvement de danse ou un nouveau fond. Il y a toujours une chance que ce que vous obtenez soit quelque chose de rare ou d'unique.

Un marché secondaire en plein essor

La conversion des objets du jeu et du métavers en NFT a créé un marché secondaire en plein essor pour ces actifs numériques. Les joueurs peuvent désormais vendre les objets qu'ils ont gagnés, fabriqués ou achetés contre de l'argent réel. Cela a conduit à la création de nombreuses places de marché où les joueurs peuvent acheter et vendre des objets. Certains objets peuvent atteindre un prix élevé sur le marché libre, ce qui en font des biens précieux et recherchés. Les NFT ayant également facilité la création de biens immobiliers virtuels dans le monde du métavers, les utilisateurs achètent et vendent des terrains et des bâtiments virtuels, ce qui entraîne le développement d'économies entières au sein des jeux et des mondes virtuels. Les NFT ont révolutionné les mondes virtuels en créant de nouvelles opportunités pour les joueurs de tirer profit de leurs activités virtuelles. Ce que nous voyons aujourd'hui n'est que le début d'une économie et d'un marché entièrement nouveaux, qui fonctionnent dans le monde virtuel, mais ont une valeur et un impact économique dans le monde réel.

NFT et investissement immobilier

L'une des utilisations les plus populaires des NFT dans le métavers est la propriété foncière virtuelle. Dans Decentraland, les terrains virtuels sont divisés en parcelles qui peuvent être achetées avec de la monnaie virtuelle. Ces parcelles peuvent ensuite être aménagées avec de simples maisons ou en des villes virtuelles entières. L'un des principaux arguments de vente de Decentraland est qu'il offre une véritable propriété du terrain virtuel, contrairement à d'autres plateformes où le terrain est loué par les développeurs. Cela a fait de Decentraland l'un des choix les plus populaires pour ceux qui cherchent à investir dans le métavers. En fait, certains des premiers investisseurs ont déjà réalisé un bénéfice considérable en revendant leurs terrains à un prix plus élevé. Une propriété numérique de Decentraland a récemment été vendue pour plus de 900 000 dollars[38], établissant un nouveau record pour le monde virtuel. L'investissement consiste en un groupe de parcelles de terrain virtuelles, qui représentent environ 16 acres numériques. La vente est donc non seulement onéreuse, mais aussi plus importante que toute autre en termes d'empreinte numérique. Cette vente met en évidence non seulement la popularité croissante des jetons non fongibles (NFT), mais aussi la croissance de l'économie des services virtuels. Les mondes virtuels ont vu naître une nouvelle demande pour des emplois qui existent dans le monde réel, mais qui ne sont pas encore entièrement pris en charge dans le monde virtuel. Par exemple, les courtiers immobiliers qui se spécialisent dans les terrains et les maisons virtuels. Ces courtiers aident leurs clients à trouver l'emplacement idéal pour leur maison, en négociant le prix et les conditions de la vente. Ces courtiers doivent se tenir au courant de l'évolution constante du paysage du monde virtuel, afin de pouvoir conseiller leurs clients sur les meilleurs mondes et zones à investir. Avec les bonnes compétences et connaissances, un courtier en immobilier peut réussir dans ce nouveau domaine passionnant créé par les NFT dans le métavers.

Luxe et NFT

Plus rien ne sera déconnecté dans le monde réel à mesure que la technologie NFT se répand dans le métavers. La semaine de la mode ne fait pas exception. Elle est devenue l'un des événements les plus attendus du

38. Elizabeth Howcroft, « Virtual real estate plot sells for close to $1 million », Reuters, 18 juin 2021.

calendrier pour les personnes soucieuses de leur style dans le monde entier. Alors que les semaines de la mode traditionnelles mettant en vedette des marques de luxe se tiennent dans des lieux centralisés tels que New York, Londres et Paris, l'essor des technologies décentralisées a entraîné une nouvelle vague d'événements organisés dans les métavers. Mars 2021 a vu la première semaine de la mode virtuelle, organisée dans le métavers Decentraland, plus de 60 marques de luxe ont participé à l'événement. Les marques ont présenté leurs dernières collections dans un cadre virtuel et ont lancé leurs produits numériques.

Bien que cet événement ait été un succès, toutes les marques n'ont pas décidé d'avoir une boutique permanente dans Decentraland. Gucci a choisi d'établir sa présence dans le métavers sur la blockchain *The Sandbox*. Grâce à son Gucci Vault, l'espace expérimental en ligne de Gucci, et à *The Sandbox*, la marque brouille les frontières entre ses offres physiques et virtuelles. Gucci n'est pas un cas isolé. En utilisant ces technologies de pointe, les marques de luxe sont en mesure de se connecter avec leurs clients dans le monde virtuel. Lorsqu'un client achète un produit d'une marque de luxe, il n'achète pas seulement le produit lui-même, mais aussi l'image et la réputation de la marque. Le client doit avoir le sentiment de faire partie d'un club exclusif et d'obtenir un produit de haute qualité qui en vaut le prix. À l'heure où notre monde devient numérique, ce sentiment doit se répercuter sur les activités virtuelles des clients. Les marques de luxe doivent faire en sorte que le client se sente spécial, et l'expérience doit être améliorée, que ce soit dans la vie réelle ou en ligne. L'objectif est de faire en sorte que le client se sente bien après son achat et de créer une impression durable. Dans ce cas, les NFT ne sont pas seulement une représentation numérique des produits de la marque, mais peuvent également être utilisés pour la fidélisation à la marque ou les expirations VIP.

Les marques de luxe établies n'ont pas été les seules à profiter de l'essor des NFT, une nouvelle génération de marques numériques a émergé, délaissant les canaux de marketing traditionnels au profit d'une approche plus directe. Ces marques ont acquis une forte notoriété en créant une expérience immersive qui va au-delà de la simple vente de produits. Au lieu de cela, elles offrent à leurs clients un style de vie complet, avec du contenu exclusif, des événements et d'autres activités intéressantes, le tout en ligne. En conséquence, ces marques ont pu se constituer une clientèle fidèle, prête à payer pour avoir le privilège de faire partie de leur communauté.

Un marché prometteur, mais fluctuant

L'économie des NFT en est encore à ses débuts, mais elle est très prometteuse. Comme de plus en plus de personnes s'intéressent aux mondes virtuels et aux jeux, il est probable que cette économie continuera à se développer, et à mesure que les NFT gagnent en popularité, nous pourrions voir apparaître des utilisations encore plus innovantes dans le métavers.

La volatilité des NFT est prévisible, étant donné que leur développement n'en est encore qu'à ses débuts. Pourtant, l'année 2022 a été particulièrement difficile pour le marché des cryptomonnaies. Après avoir atteint des sommets vertigineux au début de 2021, le marché est retombé lourdement, les prix ayant chuté de plus de 50 % depuis leur sommet. Cette forte correction a durement touché tous les actifs cryptographiques, y compris les jetons non fongibles. En fait, les NFT ont été particulièrement touchés, les prix ayant chuté de plus de 90 % depuis leur sommet en février.

Cette forte baisse a conduit de nombreuses personnes à se demander si le marché des NFT n'était rien de plus qu'une bulle. En fin de compte, nous avons connu des situations similaires lors de précédents booms technologiques, notamment la bulle Internet de la fin des années 1990. Cependant, il existe des différences essentielles entre ces deux bulles qui rendent peu probable que le marché des NFT subisse le même sort que celui des dotcoms.

Tout d'abord, les NFT sont utilisés pour créer des économies entièrement nouvelles dans le métavers. Ces économies sont alimentées par les NFT, et elles commencent déjà à être très prometteuses. En fait, même au milieu de ce marché baissier, il existe encore de nombreuses économies actives qui prospèrent grâce à l'utilisation des NFT. Il est important de rappeler que les NFT ont encore beaucoup de potentiel, elles restent l'une des technologies les plus innovantes et les plus passionnantes de l'espace blockchain et ont déjà créé des opportunités d'émergence de nouvelles opportunités dans le métavers. En particulier, les NFT jouent un rôle clé dans l'alimentation du marché immobilier virtuel en pleine expansion du métavers, ainsi, même si le marché baissier actuel est difficile, il est important de se rappeler que les perspectives à long terme des NFT restent solides.

en réalité virtuelle, le studio expérimente la réalité augmentée (RA) pour amener le jeu à un nouveau niveau de qualité. Dans *My Neighbor Alice*, Antler Interactive s'appuie sur la plateforme Chromia qui permet d'utiliser des fonctionnalités avancées de blockchain et de DeFi dans le jeu.

Caractéristiques principales du jeu

Place de marché

L'une des principales caractéristiques du jeu est qu'il s'agit d'un marché virtuel où les joueurs peuvent acheter et vendre leur terrain et autres objets, comme des maisons, des clôtures, des animaux et des plantes, tout ce qui leur permet de décorer leur terrain de manière créative.

L'archipel de Lummelunda

Dans le jeu, les joueurs peuvent acheter des parcelles virtuelles auprès d'Alice ou sur le marché. Les parcelles sont rares dans l'univers. Chaque parcelle de terrain est représentée sous forme de jetons NFT. Une fois la parcelle achetée, les joueurs peuvent la décorer avec divers éléments du jeu tels que des maisons, des lacs, des décorations, des animaux, des plantes et d'autres éléments qui peuvent être achetés en supplément.

Avatars et objets NFT

Chaque joueur est représenté par un avatar personnalisable qui lui permet d'interagir avec les autres joueurs. Il existe de nombreuses ressources en jeu qui peuvent être achetées au marché, comme des maisons, des animaux, légumes, décorations ou articles cosmétiques pour l'avatar du joueur. En outre, les utilisateurs de la plateforme peuvent créer des actifs à l'aide du créateur NFT et monétiser leurs talents de concepteur.

Système de progression

My Neighbor Alice dispose d'un système de progression dynamique qui récompense les joueurs bons citoyens, le tout en accomplissant des quêtes, en répondant à des faveurs et autres activités.

En fin de compte, si le récent marché baissier peut être difficile pour les investisseurs NFT, leur application dans les économies des métavers les aidera à rebondir encore plus fort de l'autre côté. Les NFT ont joué un rôle crucial dans le développement des marchés du monde virtuel. Leur utilisation dans les métavers permettra de restaurer la valeur des NFT dans le monde réel. Les NFT ont beaucoup de potentiel dans le métavers et sont un incontournable dans l'avenir des mondes virtuels. Ils permettent de représenter la propriété des biens, de créer la rareté et de monétiser le contenu. Bien que certains défis doivent être pris en compte, comme la manière de représenter la propriété et d'éviter l'inflation, plusieurs projets travaillent déjà sur des solutions.

Chapitre 8

Les principales cryptomonnaies du métavers

« Nous allons avoir nos jumeaux numériques, et cela va permettre beaucoup de plaisir et beaucoup d'efficacité. »

Catherine D. Wood

L'argent est omniprésent dans toutes les interactions humaines et celles qui ont lieu dans le métavers ne font pas exception. Dans de nombreux cas, l'argent et l'or sont ce qui est le plus convoité dans un monde virtuel et cela a toujours été le cas. Pensez à la première expérience virtuelle que vous avez eue, le personnage principal devait généralement collecter des objets ressemblant à de l'argent pour progresser dans le jeu. C'est particulièrement vrai dans les jeux d'arcade classiques comme *Sonic the Hedgehog* et *Super Mario Bros* où trouver et collecter des anneaux ou des pièces n'avait pas de valeur marchande ou ne donnait pas d'avantages dans le jeu, mais était néanmoins désiré. Même si ces objets n'ont aucune valeur dans le monde réel, ils sont toujours très convoités par les joueurs. Ces jetons les motivent à faire de leur mieux pour atteindre un nouvel objectif.

Au fur et à mesure que les jeux ont évolué, les joueurs ont commencé à contrôler leur personnage et à devenir les protagonistes du monde dans lequel ils évoluent. Le monde virtuel et ses possibilités se sont également développés. Les joueurs ont commencé à entreprendre des quêtes, à explorer le monde et à combattre des ennemis. Le rôle des jetons et des symboles monétaires dans les jeux s'est également développé.

L'or joue un rôle essentiel en tant que monnaie dans tous les RPG. Prenons l'exemple de *Clash of Clans*. Il ne s'agit plus de simples jetons à collecter, mais d'or. Pour construire votre village et le rendre plus fort, vous devez collecter de l'or. Vous pouvez l'obtenir en attaquant d'autres villages ou en pillant leurs ressources – nos ancêtres barbares nous ont montré la voie, nous n'avons rien inventer dans l'art de convoiter ce qui appartient à autrui. Vous pouvez également obtenir de l'or en accomplissant des exploits ou en l'achetant avec de l'argent réel. Quelle que soit la façon dont vous l'obtenez, l'or est un élément crucial du jeu. Même si ces mondes sont imaginaires, l'appât du gain est tout aussi fort que dans le monde réel.

Dans les jeux solo, l'or numérique que vous collectez n'a aucune valeur en dehors du jeu en question. Lorsque plusieurs personnes jouent, tout change. Les jeux multijoueur et les métavers rassemblent des individus qui interagissent, collaborent et s'affrontent dans des mondes virtuels. Ces interactions font émerger des économies complexes, dans lesquelles les joueurs peuvent commercer et échanger des actifs et des biens virtuels. L'or numérique collecté, qui n'avait autrefois aucune valeur pour les autres puisqu'il était confiné au jeu d'un individu, présente désormais un intérêt pour les autres joueurs et peut avoir un impact sur leur jeu.

Brève histoire de la monnaie numérique

L'être humain a toujours été un animal social. Pour survivre et prospérer, nous avons toujours dû commercer les uns avec les autres. Par exemple, une personne peut être capable de chasser et de cueillir de la nourriture, mais pas de construire un abri. Une autre personne peut être capable de construire un abri, mais pas de fabriquer des vêtements. Pour obtenir les choses dont nous avons besoin, nous avons toujours échangé des biens avec d'autres personnes. De même, l'invention de l'argent a été un développement clé dans l'histoire de l'humanité. L'argent nous a permis de résoudre le problème économique de la double coïncidence des besoins. Avant l'invention de l'argent, les gens devaient trouver quelqu'un qui non seulement avait ce dont ils avaient besoin, mais qui voulait aussi ce qu'ils avaient à offrir. Cependant, avec l'argent, les gens ont pu commercer avec n'importe qui, indépendamment de ce qu'ils avaient à offrir. L'argent a rendu le commerce beaucoup plus facile et plus efficace.

Le commerce est un élément important de l'interaction humaine dans le monde réel et dans le monde virtuel. Avec la numérisation du monde, nous numérisons également nos mécanismes sociaux et nos phénomènes sociaux, comme l'économie mondiale. Le commerce est essentiel à notre survie et à notre prospérité dans la vie réelle, dans les jeux et dans le métavers c'est le cas aussi.

L'argent est un élément essentiel de tout commerce. Elle constitue un moyen d'échange et une réserve de valeur, et son importance a été universellement reconnue au cours de l'histoire. L'argent prend de nombreuses formes différentes, mais toutes les monnaies partagent une caractéristique essentielle : la rareté. L'offre de monnaie doit être limitée pour pouvoir fonctionner correctement. En effet, l'argent est utilisé pour acheter des biens et des services ; s'il y a trop d'argent en circulation, les prix augmentent et le pouvoir d'achat de l'argent diminue.

L'une des premières formes de monnaie était le sel. Le sel était utilisé comme moyen d'échange, car il était rare et avait de la valeur. Le sel était également précieux pour ses propriétés de conservation, ce qui en faisait un ingrédient essentiel à l'époque où la réfrigération n'existait pas encore. Au fil du temps, d'autres objets ont été utilisés comme monnaie, notamment les coquillages, les perles, les pierres, le bronze, l'argent et l'or. Ces matériaux ont été choisis parce qu'ils étaient rares et avaient de la valeur. L'or est devenu particulièrement populaire comme forme de monnaie parce qu'il est durable, malléable et facile à transporter. L'or est également accepté depuis longtemps comme réserve de valeur.

Dans le monde réel, la rareté est une propriété fondamentale de presque tous les biens et services. Il n'existe qu'un nombre limité de parcelles de terrain disponibles à la vente, un nombre limité d'onces d'or extraites chaque année et un nombre limité de barils de pétrole produits chaque jour. Cette rareté fait grimper le prix de ces actifs et leur donne de la valeur.

Cependant, les actifs numériques ne sont pas naturellement rares. Il est relativement facile de copier et de coller des données numériques, ce qui signifie qu'il existe une offre illimitée de la plupart des actifs numériques. Avant l'invention des cryptomonnaies, le principal moyen de créer de la rareté pour les actifs numériques était la « rareté par autorité ». Ce type de rareté était créé par des entités centralisées, tels que des studios de jeux et des entreprises privées, qui contrôlaient par le code l'offre d'un actif donné.

Elles écrivaient dans le code pour ajouter des restrictions artificielles sur le nombre d'unités pouvant être produites, la vitesse de régénération des ressources naturelles ou le nombre d'animaux pouvant se reproduire, rendant ces biens artificiellement rares. Ce type de rareté, qui consiste à contrôler l'offre et la demande d'un bien, est simplement simulé et virtuel. En fait, il s'agit d'une expérience de planification centrale de tous les aspects d'une économie mondiale.

Avant les cryptomonnaies, la « rareté par l'autorité » était donc le seul moyen de créer des économies virtuelles fonctionnelles. Les entreprises ont beau essayer d'imiter les propriétés de l'argent dans le monde réel et de contrôler les actifs numériques sous leur autorité, il existe des exemples célèbres où l'argent créé pour le commerce mondial a été abandonné par la communauté.

Par exemple, aux premiers jours de *Diablo 2*, l'or était la principale monnaie utilisée pour les échanges entre joueurs. Cependant, en raison d'un certain nombre de facteurs, l'or est rapidement devenu un moyen d'échange peu pratique et a finalement été abandonné en faveur d'alternatives plus efficaces. L'un des principaux problèmes de l'or en tant que monnaie était qu'il était extrêmement sensible à l'inflation. Étant donné que l'or pouvait être facilement généré par l'agriculture et d'autres méthodes, sa valeur diminuait rapidement, ce qui le rendait de moins en moins utile comme moyen d'échange. En outre, les développeurs de *Diablo 2* ont imposé un certain nombre de restrictions sur l'or afin de limiter la quantité que chaque joueur pouvait transporter et la quantité qui pouvait être stockée dans un coffre à trésor. Ces restrictions rendaient difficile l'utilisation de l'or comme monnaie pour les transactions importantes.

Finalement, une alternative plus efficace a émergé naturellement de la communauté des joueurs sous la forme d'un anneau, « la bague de Jordanie ». Contrairement à l'or du jeu, qui pouvait être facilement généré, la bague en pierre de Jordanie était un objet rare que l'on ne pouvait obtenir qu'en tuant des monstres de haut niveau, c'était donc un objet puissant qui était convoité pour ses propriétés, car en étant petite, elle n'occupait qu'un seul emplacement dans l'inventaire du joueur et pouvait être transportée à travers tous les niveaux. Les prix de l'anneau ont augmenté naturellement au gré de l'offre et de la demande. Les crânes parfaits, autres objets du jeu, partageaient certaines des propriétés de la bague de Jordanie, de sorte qu'une bague de Jordanie pouvait être échangée contre cinq crânes parfaits, ce qui permettait d'acheter des biens de jeu à moindre prix. En conséquence, il est rapidement devenu la monnaie préférée pour les échanges entre joueurs et, pendant longtemps, un moyen pratique d'échange dans *Diablo 2*.

Lorsqu'une société adopte une forme d'échange monétaire, son énergie se déplace naturellement pour essayer de produire davantage de cette marchandise. Cela est dû au fait que les gens sont naturellement enclins à changer les choses à leur avantage : si quelqu'un, qui n'est pas un banquier, pouvait modifier la quantité d'argent sur son compte bancaire, il le ferait. De même, si quelqu'un pouvait modifier les objets du jeu pour rendre son personnage plus puissant, il le ferait aussi. Cela s'explique par le fait que les gens sont constamment à la recherche de moyens d'améliorer leur situation. Ainsi, lorsqu'une société virtuelle adopte une nouvelle forme de monnaie, comme cette bague dans *Diablo 2*, il est tout à fait naturel que les joueurs cherchent à en produire davantage. Cela est particulièrement vrai pour les actifs numériques, qui sont vulnérables aux bogues de programme et aux serveurs compromis. Si quelqu'un était capable de créer de multiples bagues, il le ferait. Et c'est exactement ce qui s'est passé, les joueurs ont trouvé un moyen de dupliquer l'anneau, ils ont alors pu effectivement augmenter leur inventaire, inondant le marché de copies frauduleuses de l'actif et dépréciant sa valeur. Bien que les actifs numériques puissent sembler plus abstraits que les marchandises physiques, ils sont toujours soumis aux mêmes forces économiques. En particulier, l'inflation peut rapidement rendre une monnaie numérique impraticable comme moyen d'échange.

Les cryptomonnaies ont résolu les problèmes liés à la « rareté par l'autorité » qui ont causé la disparition de tant d'économies virtuelles. Ces jetons numériques utilisent la cryptographie pour sécuriser leurs transactions et contrôler la création de nouvelles unités. Chaque transaction d'une cryptomonnaie est vérifiée par son réseau décentralisé et stockée sur la blockchain, n'importe qui pouvant ainsi vérifier le contenu du grand livre. La blockchain résout donc le problème de double dépense des jetons numériques sans qu'il soit nécessaire de faire appel à un tiers centralisé de confiance.

Les cryptomonnaies ont également résolu le problème de la rareté numérique en créant un système décentralisé de gestion de l'offre d'actifs. Le bitcoin, par exemple, a une limite codée en dur sur le nombre total d'unités qui ne peuvent jamais être produites. Cela le rend véritablement rare, comme l'or ou le pétrole. En conséquence, le bitcoin a vu son prix augmenter de manière significative à mesure que la demande pour cet actif a augmenté. Chaque cryptomonnaie a ses propres politiques monétaires qui peuvent être trouvées dans son livre blanc. Ce document contient des informations sur l'offre maximale du jeton, sa structure de frais ainsi que son mécanisme de gouvernance. Le livre blanc contient également des informations sur le pourcentage de nouveaux jetons créés chaque année, si des jetons sont détruits et par quel mécanisme ils sont « brûlés », contrôlant ainsi le taux d'inflation des cryptomonnaies.

Les cryptomonnaies ont gagné en popularité dans le métavers comme moyen d'échange de biens et de services virtuels. Bien qu'il existe de nombreux types de cryptomonnaies, elles ont toutes des caractéristiques communes, notamment la décentralisation, l'anonymat et la sécurité. Bien que ces caractéristiques soient communes à toutes les cryptomonnaies, elles ne sont pas clairement définies, mais se situent plutôt sur un spectre. Une cryptomonnaie n'est pas entièrement décentralisée ou centralisée, mais se situe quelque part entre les deux en fonction de sa conception et par rapport à d'autres de son genre. Les cryptomonnaies sont souvent utilisées dans le métavers, car elles permettent des transactions rapides et faciles avec une rareté programmée au lieu d'une « rareté par autorité ». En outre, les transactions en cryptomonnaies sont souvent irréversibles, ce qui peut aider à prévenir la fraude.

L'utilisation des cryptomonnaies dans le métavers a eu un impact significatif sur l'économie virtuelle en permettant le développement de nouveaux modèles économiques, tels que les offres initiales de pièces de monnaie (ICO), qui peuvent être utilisées pour lever des fonds pour des projets virtuels. En outre, les cryptomonnaies ont également permis de créer des organisations autonomes décentralisées (DAO), qui sont gérées par des contrats intelligents plutôt que par des structures de gestion traditionnelles. L'utilisation des cryptomonnaies a également conduit à la création de nouveaux rôles professionnels, tels que les traders de devises et les mineurs.

Les cryptomonnaies ont également eu un impact sur la gouvernance du métavers. Les créateurs de cryptomonnaies et les constructeurs de mondes ont pu expérimenter différentes politiques monétaires et modèles de gouvernance. Par exemple, certains mondes du métavers ont mis en place des politiques inflationnistes afin d'encourager l'activité économique, tandis que d'autres ont adopté des politiques déflationnistes afin de décourager la spéculation.

Métavers et cryptomonnaies : quelles devises ?

Plongeons maintenant dans quelques cryptomonnaies reliées au métavers. Comme vous pouvez l'imaginer, il y en a beaucoup, et le nombre ne cesse d'augmenter. Nous vous en présentons dix ci-dessous qui nous semblent être intéressantes, vous trouverez toutes les autres sur le site Coinmarketcap. Certaines sont reliées à des jeux PlayToEarn déjà évoqués dans un chapitre précédent, mais il nous semblait important de revenir sur la spécificité de ces cryptomonnaies directement reliées à des métavers.

L'ApeCoin (APE)

L'ApeCoin est un jeton de gouvernance et d'utilité ERC-20 utilisé au sein de l'écosystème APE pour donner du pouvoir et encourager la construction d'une communauté décentralisée à l'avant-garde du Web 3.0. Les détenteurs d'ApeCoin se gouvernent eux-mêmes via le cadre de gouvernance décentralisé contrôlant le DAO ApeCoin et votent sur la façon dont le fonds de l'écosystème du DAO ApeCoin doit être utilisé. La Fondation APE administre les propositions approuvées par les détenteurs d'ApeCoin.

ApeCoin est un projet décentralisé inspiré du projet Bored Ape Yacht Club de Yuga Labs. Cette cryptomonnaie est spécialement conçue pour l'écosystème APE qui est soutenu par la Fondation APE. La DAO ApeCoin vise à construire et à maintenir l'écosystème APE d'une manière équitable et inclusive, en fournissant une infrastructure permettant aux détenteurs d'ApeCoin de collaborer par le biais de processus de gouvernance ouverts et sans autorisation. 62 % de tous les ApeCoin ont été alloués au Fonds de l'écosystème, qui soutiendra les initiatives communautaires votées par les membres de la DAO ApeCoin. L'ApeCoin donne également accès à certaines parties de l'écosystème qui ne sont pas disponibles autrement, comme des jeux et des services exclusifs. Pour les développeurs tiers, l'ApeCoin est un outil permettant de participer à l'écosystème en incorporant l'ApeCoin dans des services, des jeux et d'autres projets.

L'offre totale d'ApeCoin est fixée de manière permanente à un milliard de jetons, tous frappés en une seule fois. La quantité d'ApeCoin en circulation est un nombre dynamique qui change constamment en raison d'une myriade de facteurs de marché. L'ApeCoin est disponible pour être échangé sur de nombreuses plateformes d'échange, y compris des échanges décentralisés comme SushiSwap et les principaux échanges centralisés.

L'ApeCoin est destiné à l'économie du Web 3.0. La culture a trouvé une nouvelle expression dans le Web 3.0 à travers l'art, les jeux, le divertissement et les événements. Les possibilités de l'impact de la blockchain sur la culture sont si infinies qu'elles ne peuvent pas encore être toutes prédites. APE est un jeton conçu pour soutenir ce qui va suivre, contrôlé et développé par la communauté. Il servira de couche de protocole décentralisé pour les initiatives communautaires qui font avancer la culture dans le métavers.

La Fondation facilite la gouvernance décentralisée et dirigée par la communauté et est conçue pour devenir plus décentralisée au fil du temps. Elle est chargée d'administrer les décisions de la DAO ApeCoin et est responsable de l'administration quotidienne, de la comptabilité, de la gestion des projets et d'autres tâches qui garantissent que les idées de la communauté de la DAO ont le soutien dont elles ont besoin pour devenir une réalité.

L'objectif de la Fondation APE est de gérer la croissance et le développement de l'écosystème APE de manière équitable et inclusive. Elle utilise le Fonds de l'écosystème, qui est contrôlé par un portefeuille multisig, pour payer ses dépenses selon les directives de la DAO ApeCoin et fournit une infrastructure permettant aux détenteurs d'ApeCoin de collaborer par le biais de processus de gouvernance ouverts et sans permission.

L'ApeCoin DAO existe parce que la gouvernance décentralisée est essentielle à la construction et à la gestion d'une communauté mondialement dispersée – et donc essentielle au succès de l'écosystème APE.

Le processus de proposition d'amélioration de l'APE permettra aux membres de l'ApeCoin DAO de prendre des décisions concernant l'allocation des fonds de l'écosystème, les règles de gouvernance, les projets, les partenariats, entre autres. L'adhésion au DAO d'ApeCoin est ouverte à tous les détenteurs d'ApeCoin.

Un conseil spécial de la Fondation APE assure, à la demande des membres de la DAO ApeCoin, la supervision des administrateurs de la Fondation. L'objectif du conseil est d'administrer les propositions du DAO et de servir la vision de la communauté. Il se réunit pour les propositions nécessitant un examen administratif selon les règles du DAO ApeCoin. Le conseil initial a un mandat de six mois, après quoi les membres du DAO voteront chaque année pour désigner les membres du conseil.

The Sandbox (SAND)

Lancé en 2011 par Pixowl, *The Sandbox* est un monde virtuel basé sur la blockchain permettant aux utilisateurs de créer, de construire, d'acheter et de vendre des actifs numériques sous la forme d'un jeu. En combinant les pouvoirs des organisations autonomes décentralisées (DAO) et des jetons non fongibles (NFT), *The Sandbox* crée une plateforme décentralisée pour une communauté de jeu florissante. L'entreprise a démarré en fanfare et a attiré le soutien et les investissements de nombreux grands noms de l'industrie du jeu. Il s'agit notamment de marques comme Atari, Helix et CryptoKitties.

Selon le livre blanc de *The Sandbox*, la mission principale de la plateforme est d'introduire la blockchain dans les jeux grand public. Elle se concentre sur la facilitation d'un modèle créatif « PlayToEarn », qui permet aux utilisateurs d'être à la fois créateurs et joueurs. *The Sandbox* utilise les avantages de la technologie blockchain en introduisant le jeton utilitaire SAND, ce qui facilite les transactions sur la plateforme.

Le modèle PlayToEarn de *The Sandbox* permet aux joueurs de participer à l'économie du jeu, de contribuer et de recevoir des avantages sous forme d'actifs numériques (cryptomonnaies et NFT). Ainsi, les joueurs créent constamment des objets de valeur qui peuvent être vendus sur la place de marché. Non seulement le jeu stimule la créativité des utilisateurs du monde entier, mais il leur donne aussi le pouvoir de façonner l'univers grâce aux NFT.

The Sandbox propose une plateforme numérique décentralisée pour une communauté en pleine expansion qui se partage entre créateurs et joueurs, souvent, ces deux catégories ne faisant qu'un. Le métavers *The Sandbox* se compose de plusieurs produits destinés aux créateurs : Game Maker, qui est un ensemble d'outils permettant aux utilisateurs de créer et de tester des jeux en 3D sur leur LAND, sans nécessiter de compétences avancées en programmation, VoxEdit, qui est un logiciel gratuit pour les utilisateurs de la plateforme, dédié à la modélisation de vêtements, d'armes, d'animaux de compagnie. Ces objets virtuels peuvent être ensuite monétisés en tant que NFT, c'est-à-dire déplacés de VoxEdit vers le marché de *The Sandbox*, transformés en actifs, puis vendus. Toutes les transactions sont effectuées en SAND.

The Sandbox est une plateforme unique, car elle introduit la technologie blockchain dans le monde du jeu. Cette industrie est un énorme marché inexploité en ce qui concerne l'adoption de la technologie blockchain, ce que Pixowl a constaté en 2011. En créant un univers où les joueurs peuvent créer et collecter des actifs basés sur la blockchain, *The Sandbox* vise à révolutionner le marché.

En se concentrant sur le contenu généré par les utilisateurs, *The Sandbox* crée un métavers de joueurs impliqués qui contribuent au développement de la plateforme. De plus, en introduisant le jeton SAND, *The Sandbox* encourage la gouvernance décentralisée et permet aux utilisateurs de partager leurs points de vue et leurs idées sur le développement du projet. Grâce à l'évolution de la technologie, la gouvernance décentralisée devient un élément incontournable des projets basés sur la blockchain.

The Sandbox dispose de plusieurs types de jetons natifs pour interagir avec la plateforme. SAND est une monnaie du jeu et un jeton ERC-20, ce qui signifie que les détenteurs peuvent stocker et obtenir des récompenses pour leur détention. SAND est un jeton utilitaire, il est donc essentiel pour la mise en œuvre et la facilitation de tous les types de transactions sur la plateforme. En outre, SAND est un jeton de gouvernance, ses détenteurs peuvent voter pour des changements par le biais de la DAO. Les jetons SAND peuvent être utilisés pour acheter des parcelles de terrain virtuelles, s'engager avec des NFT, ainsi que pour recevoir des privilèges.

LAND est un jeton de type NFT, ou élément immobilier numérique, qui utilise une norme de jeton non fongible ERC-721 émise sur Ethereum. LAND permet aux utilisateurs de monétiser leur expérience de jeu. Les joueurs peuvent acheter des LAND pour les échanger contre des SAND ou des ETH par le biais de ventes sur *The Sandbox* Marketplace et autres plateformes NFT. L'offre maximale et totale est de trois milliards de jetons SAND. Actuellement, environ 680 266 194 jetons SAND sont en circulation, ce qui représente 23 % de l'offre totale disponible depuis mars 2021.

Sur l'offre totale de jetons, environ 25,82 % ont été mis de côté dans une réserve de l'entreprise. Un autre 17,18 % a été alloué à la vente d'amorçage du jeton. Les fondateurs et les membres de l'équipe ont obtenu environ 31 % de l'offre totale de jetons répartis entre eux. Environ 12 % de l'offre totale ont été mis de côté pour une vente dédiée sur la plateforme de lancement de Binance, et 10 % supplémentaires ont été consacrés à la récompense des conseillers du projet. *The Sandbox* connaît un regain d'intérêt de la part des investisseurs et des utilisateurs, et de plus en plus de bourses ont commencé à proposer des échanges avec le jeton SAND. Binance a le plus grand volume d'échange de SAND. Les autres options d'achat de SAND sont Uniswap, Gate et Latoken.

Comme le monde virtuel *The Sandbox* est construit sur la blockchain Ethereum, il est sécurisé par le mécanisme de consensus PoS (*proof-of-stake*). Le jeton SAND est une version standard du jeton ERC-20, ce qui signifie que les propriétaires peuvent le jalonner et bénéficier des récompenses du jalonnement. Contrairement au mécanisme de consensus *proof-of-work* (PoW) utilisé par la blockchain Bitcoin, PoS ne nécessite pas de grandes quantités de puissance électrique ou informatique pour valider les transactions. Il s'appuie sur les parties prenantes qui détiennent les plus grandes quantités de jetons SAND. Le mécanisme de consensus PoS permet un grand nombre d'applications diverses tout en garantissant la sécurité des fonds mis en jeu.

The Sandbox a été créé par Arthur Madrid et Sébastien Borget. Arthur Madrid est cofondateur et PDG de Pixowl, et il est l'une des forces motrices de *The Sandbox*. Après l'obtention d'une licence en économie à l'université Paris-Dauphine en 2000, il a travaillé comme consultant pour Eurogroup Consulting France, mais a rapidement décidé de fonder sa propore entreprise. En 2001, il a créé 1–Click Media, qui a ensuite été rachetée par Ipercast. Sébastien Borget est le second cofondateur de Pixowl et occupe le poste de directeur des opérations de la société. Il a obtenu un diplôme en systèmes informatiques, réseaux et télécommunications de l'Institut national des télécommunications en 2007. Sa carrière professionnelle a débuté en tant que chef de projet pour 1–Click Media et, depuis, Arthur Madrid et Sébastien Borget forment un duo d'entrepreneurs. Ils ont fondé Pixowl en 2011 et n'ont cessé de travailler ensemble sur des projets.

Decentraland (MANA)

Decentraland (MANA) se définit comme une plateforme de réalité virtuelle alimentée par la blockchain Ethereum et qui permet aux utilisateurs de créer, d'expérimenter et de monétiser du contenu et des applications. Dans ce monde virtuel, les utilisateurs achètent des parcelles de terrain sur lesquelles ils peuvent ensuite naviguer, construire et monétiser le tout. Decentraland est conçu pour les créateurs de contenu, les entreprises et les particuliers à la recherche d'un nouveau support artistique, d'une nouvelle opportunité commerciale ou d'une nouvelle source de divertissement.

Decentraland a été lancée à la suite d'une offre initiale de pièces de monnaie (ICO) de 24 millions de dollars qui a été réalisée en 2017. Le monde virtuel a lancé sa bêta fermée en 2019 et s'est ouvert au public en février 2020. Depuis lors, les utilisateurs ont créé un large éventail d'expériences sur leurs parcelles de terre, notamment des jeux interactifs, des scènes 3D de grand déploiement et une variété d'autres expériences interactives.

La plateforme numérique est entièrement la propriété de ses utilisateurs. Au sein du métavers de Decentraland, les participants peuvent explorer le monde virtuel, acheter des parcelles de terrain qui peuvent être monétisées, créer des œuvres d'art, posséder des jetons non fongibles (NFT) et prendre part à une organisation autonome décentralisée de la plateforme Decentraland DAO. Grâce à la DAO, la communauté influence le vecteur de développement du projet. En outre, les utilisateurs ont accès à des applications interactives, à des paiements dans le monde et à la communication entre pairs. Le monde en 3D trouve un écho auprès de nombreux participants, car Decentraland a de nombreuses applications tant dans le domaine du divertissement pour les joueurs que dans celui des affaires pour les investisseurs.

Deux types de jetons appelés MANA et LAND régissent les opérations dans Decentraland. Ils permettent également aux utilisateurs d'interagir avec la plateforme. MANA est la monnaie officielle de Decentraland. Il s'agit d'un jeton standard ERC-20, basé sur la blockchain Ethereum, qui alimente la plateforme Decentraland. Avec MANA, les utilisateurs peuvent acheter des parcelles de terre, ainsi que payer des articles et des services dans le jeu. MANA donne à ses détenteurs le droit de voter dans la DAO de Decentraland. Les MANA peuvent être achetés sur un échange de cryptomonnaies ou en vendant des objets de collection sur le marché Decentraland. Le propriétaire des jetons les convertit en MANA enveloppés, ou wMANA, et les engage ensuite dans la DAO. Un wMANA équivaut à un vote. Les MANA peuvent être échangés contre de la monnaie fiduciaire et d'autres actifs numériques. Quant à LAND, c'est un jeton non fongible (NFT) basé sur Ethereum (ETH). Il est utilisé pour suivre la propriété de parcelles de terrain. Comme MANA, LAND fait partie du protocole et confère des droits de vote, mais LAND n'a pas besoin d'être fixé dans la DAO. Un LAND est égal à deux mille votes.

En novembre 2022, un peu plus de 1,85 milliard de jetons MANA étaient en circulation. Cela équivaut à environ 68 % de l'offre totale actuelle de 2,19 milliards de MANA. L'offre totale initiale était fixée à 2,8 milliards de MANA, mais elle a été réduite, car plus de 600 millions de MANA ont été brûlés à la suite des enchères LAND.

D'autres mécanismes d'épuisement sont également en place pour réduire davantage l'offre de MANA en circulation, notamment un épuisement de 2,5 % des MANA sur les transactions de la place de marché Decentraland. À l'origine, MANA était conçu pour gonfler à 8 % la première année, puis diminuer progressivement au fil du temps pour réduire le taux d'inflation, actuellement désactivée. Selon le glossaire de Decentraland, il n'est pas prévu de lancer cette inflation « jusqu'à ce que cela soit nécessaire ».

Au total, 40 % de l'offre de MANA a été vendue lors de l'offre initiale de pièces (ICO) de 2017. En outre, 20 % ont été réservés pour inciter la communauté, 20 % sont allés à l'équipe de développement et à d'autres contributeurs précoces, et les 20 % restants ont été détenus par Decentraland. Les jetons de tête de projet ne sont plus acquis. Le jeton MANA bénéficie actuellement d'une excellente liquidité et peut être acheté, échangé ou vendu sur une centaine de plateformes d'échange différentes. En date de novembre 2022, Binance, Bithumb et Coinbase Pro figurent parmi les bourses les plus liquides pour les jetons MANA. Les MANA peuvent actuellement être échangés contre des bitcoins (BTC), des Tether (USDT) et des Ethereum (ETH). Ils peuvent être achetés avec une série de devises fiduciaires, notamment des KRW et des USD.

Les propriétaires de terrains stockent des jetons dans des portefeuilles cryptographiques et achètent des produits de première nécessité avec des jetons MANA sur la place de marché Decentraland. En outre, sur la place de marché, les participants peuvent gérer ou échanger des jetons LAND (dont le prix est fixé en MANA). Les détenteurs utilisent la place de marché pour effectuer des transactions ou transférer des objets du jeu. Toutes les transactions sont effectuées, réglementées et enregistrées via la blockchain Ethereum. Au total, l'univers de jeu de Decentraland – appelé « Métavers » – est divisé en 90 601 parcelles individuelles de terre, chacune étant représentée par un jeton non fongible ERC-721. Chaque parcelle mesure exactement 16 m × 16 m (256 mètres carrés) et peut être trouvé à une coordonnée particulière dans le métavers.

Bien que les détenteurs de terrains soient libres d'aménager leur parcelle comme ils le souhaitent, une grande partie du métavers est divisée en plusieurs districts, chacun ayant une taille et un thème différents. Ces districts ont été générés par des ventes publiques individuelles de jetons MANA et les parcelles de terre dans ces districts ne peuvent pas être échangées. En janvier 2021, Aetheria, sur le thème du cyberpunk, est le plus grand district, avec un total de 8 008 parcelles. En plus d'être un exutoire créatif, de nombreux utilisateurs de Decentraland monétisent actuellement leurs terres par la location, la publicité et les expériences payantes. De même, d'autres utilisateurs génèrent des revenus en créant et en vendant des articles sur le marché de Decentraland contre des jetons MANA.

Decentraland combine un espace de jeu en ligne et la technologie blockchain. Tout le contrôle des règles est confié aux joueurs, et les détenteurs de jetons votent sur les politiques du jeu et de l'organisation. L'objectif initial était de former une réalité virtuelle décentralisée, mais en pratique, Decentraland s'est transformé en un marché massif de NFT. Un rôle spécial dans Decentraland est attribué aux NFT, tels que les objets de collection, les équipements virtuels et les biens immobiliers (LAND). Cependant, pour les nouveaux joueurs qui souhaitent rejoindre l'univers et s'emparer des NFT, la barrière d'entrée sera élevée.

Le protocole Decentraland est construit sur trois niveaux à l'aide de contrats intelligents Ethereum. Sur la couche de consensus, la propriété des terres est suivie et gérée. La couche du contenu du terrain affiche le contenu du monde virtuel de Decentraland. Enfin, sur la couche temps réel, les participants interagissent entre eux.

MANA est un jeton ERC-20. Cela signifie qu'il est basé sur la blockchain Ethereum. Ethereum est sécurisée par un réseau décentralisé massif de mineurs qui travaillent ensemble avec des milliers de nœuds pour garantir que la blockchain Ethereum – et donc les jetons MANA – est protégée contre les attaques. Ethereum, qui est l'une des blockchains les plus éprouvées actuellement, est le réseau le plus populaire pour les jetons cryptographiques qui ne disposent pas de leur propre blockchain native.

La plateforme a été cofondée par deux experts en blockchain, Ari Meilich et Esteban Ordano, en 2015. Ariel Meilich a précédemment occupé le rôle de chef de projet chez Decentraland entre 2017 et 2020, et est un entrepreneur en série qui a fondé plusieurs start-up. Il a également travaillé en tant qu'analyste chez Charles River Ventures, un fonds de capital-risque réputé de la Silicon Valley. D'autre part, Esteban Ordano est l'ancien responsable technique de Decentraland et a une grande expérience en cryptomonnaies, notamment comme ingénieur logiciel chez BitPay, Inc. et conseiller chez Matic Network. Il a brièvement dirigé sa propre entreprise de développement de contrats intelligents, connue sous le nom de Smart Contract Solutions. Esteban est également cofondateur de Zeppelin Solutions, une société d'infrastructure de technologie blockchain bien établie. Bien qu'Ari Meilich et Esteban Ordano ne soient plus à la tête du projet, le développement de Decentraland est toujours en cours, les efforts étant dirigés par la Fondation Decentraland récemment créée.

Axie Infinity (AXS)

Axie Infinity est un jeu de *trading* et de combat basé sur la blockchain qui est partiellement détenu et exploité par ses joueurs. Inspiré de jeux populaires comme *Pokémon* et *Tamagotchi*, *Axie Infinity* permet aux joueurs de collecter, d'élever, de combattre et d'échanger des créatures basées sur des jetons, appelées Axies. Chaque Axie est un jeton non fongible (NFT) avec des attributs et des forces différents et peut être engagé dans des combats 3v3, l'équipe gagnante gagnant des points d'expérience qui sont utilisés pour améliorer les statistiques de l'Axie ou faire évoluer une partie de son corps. Ces Axies peuvent être accouplés pour produire une nouvelle progéniture unique, qui peut être utilisée ou vendue sur le marché d'Axie.

L'écosystème d'*Axie Infinity* possède également son propre jeton de gouvernance unique, appelé Axie Infinity Shards (AXS). Ils sont utilisés pour participer à des votes clés de gouvernance et donneront à leurs détenteurs un droit de regard sur la façon dont les fonds de la trésorerie de la communauté Axie sont dépensés.

Axie Infinity a été créée en 2018 par Sky Mavis – un développeur de jeux axé sur la technologie dont l'équipe est principalement basée au Vietnam. Elle a été cofondée par Trung Nguyen et Aleksander Larsen. Trung Nguyen est l'actuel directeur général de la plateforme. Il est titulaire d'une licence en génie informatique et a travaillé comme ingénieur logiciel chez Anduin Transactions avant de fonder *Axie Infinity*. Aleksander Larsen, ancien joueur de compétition, est également considéré comme cofondateur et directeur de l'exploitation de la plateforme. Larsen travaille dans le domaine des jeux blockchain depuis 2017 après avoir été responsable de la sécurité pour le gouvernement norvégien. Il siège en tant que secrétaire du conseil d'administration de la Blockchain Game Alliance.

Chaque Axie possède six parties du corps parmi les centaines de parties potentielles différentes, chacune d'entre elles ayant son propre mouvement de combat. Cela permet d'obtenir une variété infinie d'Axies, la plupart d'entre eux ayant des statistiques relativement faibles, tandis que ceux qui possèdent la combinaison la plus forte de parties du corps peuvent avoir des statistiques incroyables. Contrairement à d'autres jeux de combat et d'élevage basés sur la blockchain, chaque Axie ne peut être élevé que sept fois au total pour aider à contrôler la population des Axies. *Axie Infinity* a son propre hub d'accouplement pour aider les joueurs à trouver un partenaire approprié avec lequel accoupler leur Axie pour avoir les meilleures chances de produire une progéniture rare ou puissante. L'accouplement des Axies coûte 0,005 ETH en plus des jetons Small Love Potion (SLP).

Les détenteurs de jetons AXS pourront bientôt mettre en jeu leurs jetons pour recevoir des récompenses régulières, mais contrairement à d'autres actifs, les détenteurs d'AXS devront également voter et jouer pour réclamer leurs récompenses. Le jeu *Axie Infinity* invite les utilisateurs à gagner des jetons à travers toutes sortes d'aspects du jeu. Il permet également aux joueurs d'élever, de faire grandir et d'échanger des personnages de jeu de l'écosystème, appelés jetons non fongibles (NFT) – les créatures Axie. Ces animaux de compagnie virtuels ont leur propre classe, des caractéristiques particulières et un ensemble d'attributs. Les Axies sont à collectionner et peuvent également être vendus sur le marché du jeu appelé P2P Axie.

Les Axies sont constitués d'un ensemble de statistiques comme la classe et les parties du corps, indiquant leurs caractéristiques et leur niveau de rareté. Les cartes de capacités distinctives qui sont directement liées à une configuration de caractéristiques sont le centre du *gameplay*. Chaque Axie est un NFT unique détenu et contrôlé par son utilisateur.

Le modèle PlayToEarn d'*Axie Infinity* est l'un des pionniers du concept P2E, dans lequel les joueurs gagnent des cryptos et des NFT grâce à leur activité en jeu. Dans le cadre du jeu en ligne, les utilisateurs participent à des batailles au tour par tour, mais la principale différence est que les joueurs ont le contrôle de leurs personnages, des parcelles de terrain, des ressources et des autres éléments de l'univers du jeu. Ainsi, *Axie Infinity* est un univers numérique ouvert, dont l'économie est contrôlée par ses joueurs.

La propriété des actifs dans le jeu et des objets numériques uniques est vérifiée par les NFT. Les jetons font office de reçu prouvant le droit de propriété. Les utilisateurs peuvent donc à la fois vendre leurs Axies à d'autres joueurs et les stocker en toute sécurité dans des portefeuilles cryptographiques tels que Trust Wallet, Binance Chain Wallet ou Ronin Wallet, ce dernier ayant été spécialement conçu pour *Axie Infinity*.

Pour résoudre le problème d'évolutivité, *Axie Infinity* a créé sa chaîne latérale sur Ethereum, appelée Ronin Network. Il assure des transactions instantanées n'impliquant pas la blockchain Ethereum. Les utilisateurs peuvent stocker en toute sécurité des AXS et des NFT de collection dans des portefeuilles Ethereum et Ronin, et envoyer des jetons du portefeuille Ethereum au portefeuille Ronin via Ronin Bridge.

Le jeton de l'écosystème natif, *Axie Infinity* Shard (AXS), a été lancé en novembre 2020. AXS est le mécanisme central du jeu *Axie Infinity*. Les joueurs peuvent acheter, échanger et gagner des jetons simplement en y jouant. En outre, les meilleurs joueurs de la saison reçoivent des récompenses dans AXS. De plus, AXS sert de jeton de gouvernance qui permet aux détenteurs de voter sur les changements de *gameplay* et d'influencer l'évolution de la plateforme. Les jetons *Axie Infinity* (AXS) représentent une offre totale de 270 millions de jetons. Sur ce total, environ 96 millions de jetons étaient en circulation à la mi-novembre 2022.

Au total, 11 % de l'offre totale a été attribuée aux participants à la vente IEO de Binance Launchpad (le prix de chaque jeton *Axie Infinity* était de 0,10 dollar) et 4 % a été vendues dans une vente privée. En outre, 29 % sont alloués aux récompenses pour le jalonnement, 20 % au pool PlayToEarn, 21 % à l'équipe, 7 % aux conseillers et 8 % au fonds pour l'écosystème. Sur la base du calendrier de libération actuel, comme indiqué par Binance Research, 100 % des jetons AXS seront en circulation au début de 2026.

Comment le réseau *Axie Infinity* est-il sécurisé ? Le jeton *Axie Infinity* (AXS) est un jeton ERC-20 lancé sur la blockchain Ethereum. Il est donc sécurisé par le mécanisme de consensus *proof-of-work* (POW) d'Ethereum.

En date d'octobre 2022, *Axie Infinity* (AXS) est disponible pour être négocié sur de nombreuses plateformes d'échange, y compris des échanges de premier plan comme : Binance, Huobi Global, Coinbase, FTX, Bithumb, KuCoin, Gate.io et Kraken.

Le lien entre Axie Infinity Smooth Love Potion a conduit à l'offre de nombreuses paires d'échange, notamment SLP vers ETH et SLP vers BNB. Cependant, l'intérêt est considérable aux Philippines pour le prix SLP vers PHP, en Australie pour le prix SLP vers AUD et en Europe pour le prix SLP vers EUR. Il est listé avec de nombreuses paires de prix *Axie Infinity*, y compris les plus populaires comme : AXS/USDT, AXS/BTC, AXS/BUSD et AXS/BNB. Comme le jeu a gagné en popularité, l'intérêt pour les paires AXS/PHP, AXS/AUD et AXS/EUR a augmenté.

Enjin Coin (ENJ)

Witek Radomski et Maxim Blagov ont fondé Enjin en 2009 en tant que plateforme communautaire de jeux. Radomski est le directeur technique et s'occupe du développement technologique des produits Enjin. Il a également écrit le code du premier jeton non fongible et est coauteur de la norme ERC-1155 – un jeton standard pour la blockchain Ethereum qui peut frapper des jetons fongibles et non fongibles. Maxim Blagov a également endossé le rôle de directeur créatif de l'entreprise, se décrivant comme un spécialiste du marketing, un chef de projet et un designer. Radomski a proposé d'utiliser la technologie blockchain sur la plateforme Enjin en 2012, lorsqu'il est devenu un passionné de Bitcoin et a convaincu l'entreprise de l'accepter comme mode de paiement. Immédiatement après en avoir appris davantage sur la blockchain Ethereum et les contrats intelligents, il a voulu lancer un nouveau logiciel intégré à la blockchain pour les jeux. Enjin a publié une version Android de son portefeuille en 2018 et une nouvelle version de son portefeuille iOS quelques mois plus tard.

Fondée en 2009, Enjin a des racines dans l'industrie du jeu, le premier produit de la société, une plateforme communautaire de jeu appelée Enjin Network, ayant atteint 20 millions d'utilisateurs au cours d'une décennie. En 2017, à la suite d'une ICO, Enjin s'est imposé comme un développeur d'écosystème blockchain de premier plan, en construisant une suite de produits logiciels qui permettent à quiconque de monnayer, de gérer, d'échanger, de distribuer et d'intégrer facilement des actifs blockchain.

Enjin est conçu pour s'intégrer aux jeux : vous pouvez utiliser l'Enjin Coin comme monnaie et utiliser le portefeuille Enjin pour acheter, vendre et échanger des NFT. Par exemple, les joueurs de MMORPG peuvent acheter un objet en Enjin utilisable dans plusieurs jeux et facilement échangeable ou vendable sur une place de marché en ligne. La société derrière Enjin est basée à Singapour et travaille avec des entreprises pour mettre en œuvre leurs propres solutions sur la plateforme Enjin.

De nombreuses cryptomonnaies sont simplement une monnaie, utilisée de manière similaire à un dollar ou à un lingot d'or pour effectuer des transactions ou conserver une valeur. L'Enjin Coin est négociable de la même manière, mais son utilisation est plus ciblée sur les jeux, les NFT et d'autres actifs et applications sur sa plateforme.

Les objets mis en vente sur la place de marché Enjin sont utilisables dans des jeux comme *Lost Relics* et *Spirit Clash*. Vous aurez besoin d'ENJ pour transférer des objets à d'autres joueurs. Cela la rend plus viable que certaines monnaies concurrentes, comme le Dogecoin, qui n'ont pas d'utilisation intégrée.

La plateforme Enjin utilise sa propre monnaie, un jeton ERC-20. Le projet est construit sur des contrats intelligents et ne se limite pas à une fonctionnalité transactionnelle. Cette méthode a été utilisée avant de se lancer dans son projet fondateur, Efinity, qui est une solution de mesure améliorant la vitesse de sa plateforme. Ce réseau est également la plateforme qui a lancé le test du réseau Raiden, une version du Lightning Network basée sur Ethereum.

La principale fonctionnalité d'Enjin est la possibilité pour les utilisateurs de créer et de gérer des biens virtuels. Elle a également d'autres fonctions tout en réduisant les coûts de transaction et en améliorant l'expérience des utilisateurs en supprimant la complexité du réseau avant de créer un bien numérique. Grâce à un kit de développement logiciel (SDK) et à une API publique, la plateforme Enjin permet aux développeurs de créer et d'émettre des jetons numériques basés sur l'écosystème de la blockchain Ethereum. En outre, les joueurs peuvent lancer leur jeton soutenu par Enjin Coin, ce qui simplifie l'intégration de la crypto dans les systèmes de jeu.

Chaque actif sur Enjin a sa valeur, représentée par une cryptomonnaie négociée. Cependant, ces jetons ont également une valeur dans le monde réel et peuvent être échangés indéfiniment. Les développeurs qui créent du contenu dans le jeu devront acheter des ENJ, ce qui peut aussi se référer à du «*minting*». L'objectif d'Enjin est de maintenir les frais de transaction à un niveau minimum. En outre, le réseau Enjin connectera les serveurs de jeu et les développeurs à une plateforme ouverte, permettant à la plupart des joueurs d'avoir un accès complet aux fonctions du jeu.

Enjin Coin (ENJ) est une réserve de valeur numérique utilisée pour soutenir la valeur des actifs de la blockchain comme les jetons non fongibles (NFT). Chaque actif frappé avec la plateforme Enjin contient ENJ, une ressource de frappe qui est verrouillée à l'intérieur des NFT et retirée de la circulation. Enjin est une plateforme blockchain qui permet aux développeurs de jeux et aux entreprises de créer des actifs numériques tokenisés pour leurs stratégies d'acquisition, de rétention, d'engagement et de monétisation. Enjin Coin (ENJ) est la cryptomonnaie qui garantit la valeur des actifs de blockchain, et Efinity (EFI) est le jeton de gouvernance qui permet aux participants de voter sur des propositions et de payer des frais de transaction.

Les développeurs qui monnayent avec la plateforme Enjin doivent utiliser la pièce ENJ. La quantité requise de ces pièces ENJ est retirée de leur portefeuille et verrouillée dans les actifs qu'ils finissent par créer. Cela élimine les jetons du marché et crée un niveau de rareté plus élevé tout en fournissant un cas d'utilisation solide pour le jeton. De plus, Enjin fournit des kits de développement de logiciels comme Unity, Java, Godot et d'autres. Cela signifie que des millions de développeurs ont un moyen facile d'intégrer leurs projets existants ou d'en créer de nouveaux avec des technologies qu'ils connaissent bien. En outre, il existe un marché en ligne avec plus de dix millions d'articles numériques qui permettent aux utilisateurs de découvrir, d'acheter, de vendre ou d'échanger des actifs uniques basés sur la blockchain.

Il y a aussi le Enjin Beam, un système de distribution d'actifs numériques spécialement créé pour permettre aux développeurs d'envoyer des milliers de NFT aux utilisateurs en scannant simplement des codes QR. En outre, il y a le portefeuille intelligent, où les actifs de la blockchain peuvent être liés à des jeux et des applications.

Efinity est un produit à l'échelle d'Ethereum qui permet des transactions rapides et gratuites pour les jetons ERC-20 et ERC-115. En outre, le portefeuille permet aux utilisateurs d'accéder à l'inventaire, ce qui leur permet de se connecter à plusieurs jeux et d'utiliser leurs objets dans chaque jeu séparément. Ils peuvent également effectuer des transactions entre eux via le portefeuille Enjin, ce qui leur permet d'échanger des pièces et des objets en dehors de l'environnement de jeu, et ils peuvent même vendre leurs biens numériques contre des jetons ENJ via le portefeuille.

Avec tout cela à l'esprit, le cas d'utilisation d'Enjin, ainsi que la rareté du jeton ENJ, créent une proposition à forte valeur ajoutée. Afin de monnayer des objets virtuels, les développeurs doivent verrouiller les jetons ENJ. Pour créer et détruire des objets dans le jeu, les développeurs doivent franchir cinq étapes au total. La première étape est celle de l'acquisition, au cours de laquelle les développeurs achètent des ENJ. Ensuite, il y a l'étape de la frappe, où les développeurs conçoivent des objets en jeu en utilisant les pièces ENJ achetées. Puis, la partie jeu est celle où les joueurs obtiennent les jetons et les utilisent pour des activités dans le jeu. La quatrième étape, celle du commerce, est celle où les joueurs peuvent échanger des jetons entre eux, et la cinquième et dernière étape est celle de la fonte, où les joueurs vendent des jetons contre des pièces ENJ.

Enjin Coin a une offre maximale fixe d'un milliard de jetons. Cependant, au fur et à mesure que l'écosystème se développe et que davantage d'ENJ sont verrouillés dans les actifs numériques du jeu, le nombre de pièces en circulation diminuera.

Enjin Coin a été mis en vente pour la première fois lors d'un événement de prévente en septembre 2017, au cours duquel 400 millions d'ENJ ont été vendus pour un total de 38 800 Ether (ETH), soit une valeur de 12 millions de dollars à l'époque, avec 100 autres millions d'ENJ donnés en bonus. Au total, la prévente a permis de vendre et de donner 50 % de l'offre totale. Une offre initiale de pièces a eu lieu en octobre 2017, avec 300 millions d'ENJ – 30 % de l'offre totale – disponibles à la vente. L'ICO a permis de lever 75 041 ETH, soit une valeur de 18,9 millions de dollars à l'époque. Les jetons qui n'ont pas été vendus pendant l'ICO ont été bloqués pendant six mois pour être utilisés ultérieurement pour des initiatives communautaires et le marketing.

10 % de l'offre totale de jetons étaient réservés à l'entreprise pour des initiatives communautaires, des tests bêta, du marketing et des partenariats stratégiques, tandis que 10 % supplémentaires étaient réservés aux membres de l'équipe et aux conseillers. Les jetons des membres de l'équipe étaient bloqués pendant les six premiers mois et acquis sur une période de 24 mois, tandis que les jetons des conseillers étaient bloqués pendant deux mois et entièrement libérés par la suite.

Comment le réseau Enjin Coin est-il sécurisé ? L'Enjin Coin est un jeton ERC-20 émis sur la blockchain Ethereum, ce qui signifie que toute transaction ENJ sur la chaîne est validée et sécurisée par le réseau Ethereum à l'aide d'un algorithme de consensus *proof-of-work*. Les mineurs sont en concurrence les uns avec les autres pour ajouter de nouveaux blocs à la blockchain et une majorité de nœuds du réseau doit confirmer un enregistrement pour qu'il soit publié.

Enjin Coin peut être acheté sur des bourses de cryptomonnaies telles que Binance, Bithumb, Uniswap (V2) et Balancer, entre autres. Il peut être échangé contre des devises fiduciaires tels que le dollar américain et l'euro, des cryptomonnaies tels que le Bitcoin et l'Ether, et des monnaies stables tels que le Tether (USDT) et l'USD Coin (USDC). Il peut être acheté et vendu sur les marchés au comptant et dérivés.

Highstreet (HIGH)

Highstreet World est un métavers ouvert qui intègre le shopping, les jeux et les NFT dans une expérience de jeu de type MMORPG. Les utilisateurs peuvent jouer pour gagner en accomplissant des quêtes, en participant à des événements, en échangeant avec des joueurs et en achctant des NFT auprès de marques du monde réel.

Highstreet réimagine le commerce électronique et la vente au détail à l'ère du métavers et du Web 3.0. Pour ce faire, il intègre les marques traditionnelles dans l'univers de la chaîne en transformant les produits en articles « phygitaux ». Le PlayToEarn de *Highstreet* est guidé par la création de valeur et cherche à démontrer un rendement durable avec ses partenariats de marque.

Les jetons HIGH sont les jetons d'utilité et de gouvernance natifs de *Highstreet*. Les cas d'utilisation des jetons incluent :

- l'accès au jeu : les jetons HIGH sont requis dans divers domaines pour la progression du jeu ou l'accès à des événements spéciaux ;
- la monnaie : les jetons HIGH peuvent être utilisés pour acheter des articles spéciaux, par exemple des biens immobiliers ou des produits en édition limitée sur le marché Highstreet ;
- la gouvernance : les détenteurs de jetons HIGH pourront créer et voter des propositions de gouvernance sur la chaîne pour déterminer les caractéristiques futures de *Highstreet*, le poids du vote étant calculé proportionnellement aux jetons mis en jeu.

Highstreet se compose des principaux éléments suivants, qui fonctionnent conjointement :

- Marché *Highstreet* : les utilisateurs peuvent acheter et vendre des produits phygitaux et des NFT sur le marché du jeu.
- Maisons *Highstreet* : les utilisateurs peuvent acheter leur propre « maison » dans les différents endroits du monde *Highstreet* par le biais d'IHO (*initial home offerings*).
- Terres de *Highstreet* : elles se présentent sous forme d'hexagones simples, de zones de dix hexagones, de régions de cinquante hexagones et de mégaplex de cent cinquante hexagones. Les lots de terrains et les hexagones seront confiés à des marques du monde réel qui les développeront pour construire des infrastructures dans le jeu (clubs, magasins, maisons, expériences, etc.).

- L'équipe de canards de Forever Fomo (les Ducks) : en plus d'être la mascotte officielle et l'avatar des NFT de *Highstreet World*, ces NFT ont les cas d'utilisation suivants :
  - Transformation des canards : les canards NFT 2D recevront des canards 3D qui se transformeront dans le jeu.
  - Club exclusif : les FFDS NFT agissent comme une passerelle vers un club exclusif FOMO Duck dans *Highstreet World*.
  - Largage de marchandises et ouverture de coffres : les détenteurs de NFT peuvent accéder à des largages et des coffres exclusifs.
- *Gameplay* asymétrique : *Highstreet* permettra aux joueurs de participer à partir de différentes plateformes, à commencer par la RV et le PC.
- Réalité virtuelle et PC : l'expérience de jeu phare se déroule sur la version RV. Les utilisateurs peuvent également jouer sur la version PC. Outre les jetons HIGH, les jetons STREET sont la monnaie du jeu *Highstreet World*. Elle permet de garantir que les derniers joueurs ont une chance égale de profiter du jeu sans hyperinflation tout en récompensant équitablement les premiers participants. Les cas d'utilisation des jetons STREET sont les suivants :
  - Monnaie du jeu : utilisée comme monnaie principale pour faciliter toutes les transactions dans le jeu (c'est-à-dire les achats auprès de personnages non officiels représentant des marques, les achats auprès d'autres joueurs, les réparations d'objets dans le jeu).
  - Jouer et gagner : les jetons STREET peuvent être gagnés en chassant des monstres, en accomplissant des quêtes et en participant à des activités.
- Technologie RV : *Highstreet* est construit en partant du principe que les joueurs finiront par trouver un équilibre sain entre l'immersion dans les mondes virtuels et la maturation du matériel RV qui évolue rapidement. Outre la collaboration active avec les principaux fabricants de matériel comme HTC, d'autres facteurs contribuent au développement de *Highstreet* :
  - L'incarnation personnelle : pour capturer la représentation des mouvements du corps des utilisateurs dans le monde virtuel, l'équipe exploite un SDK d'avatar appelé Tafi avatar, le même moteur qui alimente la collection CloneX NFT de RTFKT. Nous étudions encore la mise en œuvre d'autres outils de personnalisation des avatars pour améliorer l'expérience.

- Social : pour permettre les fonctions sociales sur RV, *Highstreet* est développé en utilisant le moteur de jeu Unity Multiplay, un service d'hébergement multijoueur. Il synchronise les mouvements corporels des joueurs et prend en charge un grand débit de données pour maintenir le mouvement organique des joueurs (comme celui d'un être humain réel).
- VR Analytics : fournir des données mesurables aux expériences de RV par l'utilisation de l'analyse du regard, une nouvelle propriété intellectuelle d'analyse de données par Retinad, qui est acquise par *Highstreet.*

Qui sont les fondateurs de *Highstreet*? Il a été rebaptisé à partir d'une société de vision par ordinateur, LumiereVR. Établie en 2015, elle se concentrait sur l'élévation de l'expérience de vente au détail par l'incorporation de la technologie RV. Les cofondateurs de LumiereVR et de *Highstreet* sont Travis Wu et Jenny Guo. Travis Wu est un développeur de logiciels expérimenté et un passionné de blockchain avec une expérience dans la RV. Il a étudié l'entrepreneuriat à l'université Draper de San Mateo, en Californie, et l'informatique à l'université Queen's, en Ontario, au Canada. Jenny Guo est diplômée en art électronique et en études politiques du Bard College d'Annandale-on-Hudson, dans l'État de New York, et a étudié la production créative à l'université Columbia de New York. Elle est une productrice de films RV primée, une collectionneuse d'art dévouée et une entrepreneuse prospère. Guo a également une grande expérience du commerce de l'art entre la Chine et les États-Unis.

Highstreet est un jeu MMORPG qui estompe les frontières entre les mondes physique et virtuel. Tous les objets du jeu sont représentés sur la plateforme sous forme de jetons non fongibles (NFT) ERC-721 divisés en deux fractions. Si l'achat de la fraction numérique donne aux joueurs la possibilité d'utiliser l'objet dans le métavers, l'achat du NFT dans son ensemble permet aux joueurs de recevoir également l'objet dans la vie réelle. Le projet garantit la légitimité de chaque produit vendu sur le marché. Le processus d'authentification de la place de marché gamifiée garantit que seuls les vendeurs vérifiés et dignes de confiance peuvent rejoindre la plateforme.

Une courbe de liaison est une fonction mathématique utilisée pour établir une relation entre le prix d'un actif et son offre disponible. *Highstreet* (HIGH) met en œuvre des courbes de liaison pour assurer la liquidité des produits pour les acheteurs et offrir une découverte automatisée des prix pour les vendeurs.

Les jeux vidéo étant en train de s'emparer du secteur du divertissement collectif pour le jeune public, la création d'une présence dans le jeu offre aux marques l'occasion d'élargir un marché de consommateurs. Bien qu'à l'heure actuelle, *Highstreet* (HIGH) propose principalement des produits en édition limitée de marques haut de gamme, la plateforme encourage les entreprises, qu'elles soient en démarrage ou déjà établies, à poser leur candidature pour lancer leur création.

Combien de jetons HIGH sont en circulation ? L'offre totale de jetons HIGH est de 100 millions. L'allocation des jetons HIGH est la suivante : 54 % est dans la trésorerie ; 10 % est détenu par l'équipe ; 30 % est donné aux investisseurs ; 1 % est distribué par *equity airdrop* ; 5 % est dédié à IDO (*initial dex offering*).

Comment le réseau Highstreet est-il sécurisé ? HIGH est un jeton standard ERC-20 basé sur la blockchain Ethereum.

Où pouvez-vous acheter HIGH ? Highstreet (HIGH) est librement échangeable et est actuellement disponible à l'achat sur les bourses suivantes : Uniswap (V2), PancakeSwap (V2), LBank, DODO BSC, HOO et Bitget.

Metahero (HERO)

Metahero est un jeton d'utilité réelle déflationniste qui utilise une technologie 3D ultra-réaliste pour générer des avatars 3D et des objets virtuels à utiliser dans les médias sociaux, les jeux, la mode, l'art et la médecine. Lancé en juin 2021, avec un fonds d'amorçage initial de dix millions de dollars, Metahero espère faire passer l'adoption des cryptomonnaies au niveau supérieur en catalysant notre évolution vers un univers numérique parallèle. Metahero promeut l'idée du métascanning – la numérisation et la transformation réalistes d'objets de la vie réelle en avatars utiles dans le métavers. Cette idée révolutionnaire va cristalliser Metahero comme un pont entre la réalité et le monde numérique. La technologie de Metahero relie les artistes, les entrepreneurs et les joueurs de manière unique. L'un de ces moyens est son jeton natif, HERO, qui utilise des cas réels d'utilisation commerciale qui s'étendent sur les médias sociaux et l'art. De plus, Metahero est le fer de lance d'une technologie révolutionnaire de métascanning qui s'adapte à certaines des meilleures capacités de rendu graphique de l'histoire.

Qui sont les fondateurs de Metahero ? Robert Gryn, le fondateur et PDG de Metahero, est un entrepreneur technologique en série et un directeur de start-up. Il a développé de nombreux projets grâce à l'autofinancement et au financement de démarrage, et a même été reconnu par *Forbes* et le *Financial Times 1000*. Il a créé certaines des entreprises à la croissance la plus rapide d'Europe, dont certaines affichent une croissance de plus de 13 000 %. Piotr Harwas, autre personnage clé de Metahero, est le PDG de Wolf-Studios, le partenaire le plus stratégique de Metahero. Piotr est également à la tête de plusieurs start-up technologiques et est à l'origine de la conception du scanner 3D révolutionnaire de Metahero.

Jeremy Lopez et Marcin Gracjar sont également influents dans le domaine des cryptomonnaies et occupent respectivement les postes de directeur de l'exploitation et de chef de produit chez Metahero. Avant de rejoindre Metahero, ils ont tous deux travaillé avec Robert Gryn chez Codewise, une start-up mondiale spécialisée dans la technologie antifraude reconnue par le Forum économique mondial.

Avec l'installation prévue de douze chambres Metahero 3D à travers le monde, Metahero offrira chaque année à plus de 100 000 personnes la possibilité de se scanner ou de scanner d'autres objets. Les avatars 3D réalistes générés par le metascanning constituent le premier cas d'utilisation de Metahero. Pour aider à promouvoir ce projet, un certain nombre d'artistes, de célébrités et d'influenceurs seront sollicités pour encourager l'utilisation du métascanner de Metahero. En outre, les sociétés de jeux peuvent utiliser la technologie du métascanner pour créer la meilleure expérience de jeu dans le métavers.

Les musées peuvent également se fondre parfaitement dans le métavers avec Metahero. Leurs collections peuvent être scannées et stockées pour numériser les expositions. L'expérience ressemblera à la vie quotidienne, ce qui rend Metahero encore plus important dans un monde de plus en plus éloigné.

Combien de pièces Metahero (HERO) sont en circulation ? L'offre totale maximale est de 10 milliards de HERO. Sur cette quantité, 10 %, soit 1 milliard de HERO, seront vendus lors d'une vente privée ; 10 % supplémentaires seront vendus lors d'une vente publique ; 20 %, soit 2 milliards de HERO, seront bloqués dans la réserve de liquidités. 10 % seront également bloqués dans la réserve de l'entreprise, à partir de laquelle

100 millions de HERO seront débloqués deux fois par an ; 30 % de l'offre totale de HERO, soit 3 milliards de HERO, seront utilisés pour la cotation en bourse, le partenariat stratégique et le marketing.

L'équipe prévoit de verrouiller 50 % du montant alloué à chacune de ces catégories, débloquant 10 % des 50 % restants chaque mois. Enfin, Metahero prévoit de réserver 20 % de l'approvisionnement total en jetons pour l'équipe et les conseillers, avec une période de verrouillage de 30 mois, avec 10 % débloqués tous les trois mois. Les fonds initiaux du projet sont fournis par le fondateur Robert Gryn, et comme le projet n'attribue pas de jetons de manière disproportionnée à qui que ce soit, Metahero peut effectivement sembler prometteur.

Comment le réseau Metahero est-il sécurisé ? Metahero fonctionne sur la Smart Chain de Binance et partage le même algorithme de consensus «*proof-of-staked-authority*» qui permet l'interopérabilité, la réduction des frais et l'accélération des transactions. L'algorithme de preuve d'autorité (*proof-of-staked-authority*, PoSA) résout les problèmes d'évolutivité de la preuve d'enjeu en approuvant au préalable les participants qui valident les blocs et agissent en tant que modérateurs du système. L'algorithme est unique : toute personne souhaitant devenir un validateur doit mettre en jeu le même fonds que tous les autres validateurs. Avec le PoSA, les validateurs de consensus, les détenteurs de jetons, les développeurs et les utilisateurs peuvent bénéficier d'une architecture à double chaîne qui profite aux utilisateurs et offre des transactions rapides et peu coûteuses.

Vous pouvez acheter des jetons HERO sur PancakeSwap en utilisant un portefeuille Web 3.0 connecté, comme Metamask. Metahero (HERO) est probablement l'une des cryptomonnaies les plus spéculatives du métavers à l'heure actuelle, alors attention quand même.

Virtua (TVK)

Virtua est un métavers gamifié qui propose des expériences sociales immersives, des jeux Web 3.0, des pièces de collection numériques et des expériences interactives, grâce à sa place de marché, ses environnements virtuels interactifs et ses partenariats exclusifs avec des marques, notamment Legendary Entertainment, Paramount Pictures, Dynamite Comics et Williams Racing. Virtua a été formé en tant que projet en 2017, mais son jeton utilitaire TVK n'a été lancé que le 16 décembre 2021.

Qui sont les fondateurs de Virtua (TVK) ? Gary Bracey est le président de Virtua. Avant de fonder la plateforme NFT, il a travaillé dans l'industrie des jeux pendant plus de 35 ans, dans des entreprises allant d'Ocean Software à Digimask (qu'il a fondée). Bracey a de l'expérience dans tous les aspects de la création de jeux vidéo, ayant travaillé dans des jeux vidéo destinés à un public occidental aussi bien qu'asiatique. Jawad Ashra est le cofondateur et le PDG de Virtua. Avant de rejoindre la plateforme, il a travaillé dans les secteurs de l'assurance, du commerce de l'énergie, de la gestion des risques et des applications mobiles.

Virtua Prime est un monde 3D immersif et hyperréaliste, et la première planète du métavers de Virtua. Cardano Island a été la première île lancée sur Virtua Prime, puis ce fût le tour de Virtua Island, avec sa terrifiante Monster Zone, où vous pouvez acheter des terrains et des condos situés juste à l'extérieur du Monster Park, un endroit qui donne froid dans le dos ! Virtua lancera bientôt d'autres îles et même des planètes dédiées à des domaines tels que le sport, le divertissement et les jeux.

Le métavers de Virtua sera un environnement sûr, fonctionnel et entièrement opérationnel, ouvert à tous et offrant une multitude d'opportunités aux développeurs, éditeurs et tiers. Les jetons sont distribués de la manière suivante : environ 37 % vont aux investisseurs ; 7 % sont destinés aux opportunités de développement commercial, en particulier les licences qui peuvent être garanties par les jetons TVK ; 20 % sont laissés en réserve pour l'écosystème, afin d'encourager les utilisateurs de la plateforme ; et 20 % sont destinés au marketing. Le reste est destiné à l'équipe et aux conseillers.

Comment le réseau est-il sécurisé ? Le jeton TVK est un jeton utilitaire ERC-20.

Où pouvez-vous acheter (TVK) ? Vous pouvez acheter des TVK sur Uniswap, BitMax, Binance et 1inch, entre autres échanges.

Star Atlas (ATLAS)

Star Atlas est un jeu en ligne massivement multijoueur (MMORPG) qui se déroule dans un métavers construit sur Unreal Engine 5, ce qui permet au jeu de présenter des environnements en temps réel de qualité cinématographique. *Star Atlas* se déroule dans un cadre de science-fiction futuriste en 2620, où trois factions majeures ont émergé et se disputent les ressources et le contrôle : MUD – l'humanité, ONI – un consortium de races extraterrestres et Ustur – des androïdes doués de sensations.

Le jeu combine différents genres. Il est en partie stratégique dans la mesure où vous devez élaborer des plans d'action tactiques sur la manière d'interagir avec les autres joueurs et factions. Il s'agit également d'un jeu d'exploration, car il présente une abondance d'étoiles à explorer et à exploiter. Comme les joueurs peuvent se rendre sur ces étoiles et les explorer de manière indépendante, il s'agit en partie d'une simulation de vol. Enfin, les joueurs peuvent exploiter des ressources et en tirer des revenus, ce qui en fait également un jeu de rôle.

Après avoir choisi une faction, les joueurs commencent dans des zones de sécurité de faction sans combat pour explorer le jeu de base. Plus tard, ils pourront s'aventurer dans des zones de sécurité de niveau moyen et des zones de jeu ouvertes où le combat est possible. Les piliers fondamentaux du jeu sont l'exploration de l'espace profond, le combat, la construction de stations spatiales et de vaisseaux, le choix de professions dans le jeu pour exploiter les ressources et la formation d'alliances pour contrôler les ressources. Les actifs aquis dans le jeu peuvent ensuite être échangés contre de la monnaie du monde réel.

Star Atlas a été annoncé en janvier 2021 et est construit sur la blockchain Solana. Il est soutenu par plusieurs projets basés sur Solana, tels que Serum, un échange décentralisé, et FTX, un échange centralisé.

Star Atlas a été fondé par le PDG Michael Wagner, le directeur de l'exploitation Pablo Quiroga, le chef de la direction Danny Floyd et le directeur technique Jacob Floyd. Avant de fonder *Star Atlas*, Michael Wagner a travaillé dans un fonds de capital-risque et chez Multichain Ventures, une société spécialisée dans la fabrication de produits axés sur la blockchain. Pablo Quiroga est le fondateur d'une start-up de suppléments et a travaillé dans la biotechnologie avant de cofonder *Star Atlas*.

Star Atlas vise à offrir une expérience de jeu immersive dans un métavers qui englobe plusieurs genres et combine une expérience de jeu de qualité cinématographique avec la possibilité de gagner des actifs virtuels qui peuvent être échangés contre de la monnaie réelle. Il prévoit de supplanter ses concurrents en les surpassant dans plusieurs domaines. Jusqu'à présent, aucun jeu blockchain ne combine autant de possibilités de jeu différentes que *Star Atlas*. Alors que certains jeux offrent la possibilité de gagner de l'argent par jalonnement, d'affronter d'autres joueurs pour des actifs virtuels ou d'explorer le monde virtuel et de former des alliances, aucun jeu ne fait tout cela simultanément.

Les joueurs peuvent utiliser le jeton ATLAS comme monnaie afin d'acheter des actifs, mais ils pourront également acheter des NFT sur la place de marché NFT qui serviront de navires et d'autres équipements dans le jeu. En même temps, les joueurs pourront choisir une profession, comme celles de chasseur de primes et de pirate, pour remplir des rôles sur les vaisseaux spatiaux. Les vaisseaux spatiaux auront également la possibilité de combiner des ressources et de rivaliser non seulement individuellement, mais aussi collectivement. Ces sociétés autonomes décentralisées seront en mesure de construire des villes spatiales entières avec les micro-économies qui les accompagnent. Le jeton POLIS, le deuxième jeton de l'univers *Star Atlas*, servira de jeton de gouvernance dans ces villes spatiales, ainsi que pour les décisions de gouvernance concernant le jeu.

Star Atlas prévoit également de proposer une place de marché NFT et un calendrier de sortie NFT pour distribuer et échanger les actifs du jeu. De plus, en étant intégrés au Serum DEX, les détenteurs de jetons ATLAS auront la possibilité de fournir des liquidités ou de vendre et d'acheter leurs avoirs en jetons.

Le marché de *Star Atlas* est basé sur Serum, le système d'échange décentralisé (DEX) de Solana. Les joueurs peuvent y inscrire toutes sortes d'objets du jeu, notamment des vaisseaux spatiaux, des terrains, des armes et des ressources. Comme la place de marché est basée sur Solana, les échanges sont beaucoup moins chers que sur une bourse basée sur Ethereum comme Uniswap.

Les joueurs peuvent échanger d'autres monnaies, comme SOL, contre le jeton ATLAS, ou gagner des ATLAS en accomplissant des activités dans le jeu. Pour gagner des ATLAS, les joueurs peuvent acheter leurs propres vaisseaux et les enrôler dans une flotte de faction.

Bien que les navires d'une flotte de faction puissent gagner des ATLAS, ils doivent être constamment réapprovisionnés en nourriture, munitions et carburant. Ainsi, même si *Star Atlas* est un jeu à gagner, il ne s'agit pas exactement d'un revenu passif puisque les joueurs doivent fournir un effort actif pour maintenir leur flotte en bon état. En plus du jeton ATLAS, la DAO de *Star Atlas* utilise le jeton de gouvernance POLIS. POLIS peut être utilisé pour voter sur des décisions importantes concernant la façon dont le jeu est géré et sur quoi les développeurs du jeu devraient travailler à l'avenir.

POLIS est également utilisé au niveau régional pour voter les lois et règlements locaux dans une zone donnée. Par exemple, les joueurs peuvent utiliser leur POLIS pour voter des taux d'imposition ou pour créer des droits de péage pour les voyageurs. Les joueurs pourront également miser leurs jetons POLIS pour gagner un revenu passif.

L'avenir du jeu *Star Atlas* promet d'être l'un des jeux basés sur la blockchain les plus intéressants. Avec ses graphismes spectaculaires et ses droits de propriété complets, *Star Atlas* se distingue de ce que les jeux vidéo traditionnels ont à offrir. Une fois qu'il sera pleinement opérationnel, *Star Atlas* pourrait concurrencer *Axie Infinity* pour devenir le plus populaire des jeux basés sur la blockchain.

Parmi les autres nouveautés à attendre, citons *Star Atlas CORE*, un roman graphique qui présente aux joueurs l'histoire du jeu, et un kit de développement logiciel *open source* qui permettra à tous les développeurs de jeux Solana d'accéder à des outils de construction AAA pour leurs propres projets et ajouts.

La vente initiale de jetons ATLAS a consisté en une offre initiale d'échange (IEO) sur FTX ainsi qu'une offre initiale de DEX (IDO) sur Apollo-X et Raydium. La distribution a utilisé un système de loterie basé sur des tickets pour l'allocation des jetons, les utilisateurs mettant en jeu leurs jetons PAID ou RAY pour recevoir des tickets (dans l'IDO) ou enchérissant pour des tickets dans l'IEO. Les tickets gagnants pouvaient alors acheter une quantité déterminée de jetons ATLAS. Une certaine quantité de tickets de loterie était également réservée aux détenteurs de NFT *Star Atlas* qui avaient été précédemment disponibles à l'achat.

Star Atlas sera mis en place sur la blockchain Solana. L'équipe a choisi Solana pour ses temps de transaction rapides et ses frais de transaction minimes, ce qui en fait, à ce jour, la seule blockchain capable d'accueillir un jeu aussi ambitieux.

Solana est une blockchain de niveau 1 dotée d'un mécanisme de consensus de type *proof-of-stake* avec une tolérance partielle aux pannes byzantines. Elle compte 1500 nœuds opérant dans le monde entier qui peuvent, à leur apogée, traiter jusqu'à 50 000 transactions par seconde. Solana effectue un ensemble d'optimisations coordonnées pour atteindre des performances aussi impressionnantes et traite les transactions de manière *multithread*, ce qui la distingue des blockchains plus lentes. Vous pouvez acheter *Star Atlas* (ATLAS) sur une bourse de cryptomonnaies comme Kraken, FTX ou Raydium.

Epik Prime (EPIK)

En 2018, Epik a commencé à travailler avec des marques et des jeux dans le but de produire des articles numériques premium, car l'entreprise était convaincue que les articles numériques représentaient l'avenir des produits de consommation et qu'ils joueraient un rôle central dans la propriété et la façon dont nous nous exprimons individuellement. Epik Prime considère les collections d'objets numériques comme des représentations de souvenirs et d'accomplissements personnels tout en véhiculant des attributs tels que le statut, l'identité, l'appartenance, la classe et la performance. Aujourd'hui, des centaines de marques et de sociétés de jeux font confiance à Epik pour produire des objets numériques et des expériences de qualité supérieure pour plus d'un milliard de joueurs.

Epik souhaite devenir le leader mondial de l'intégration de marques dans les jeux vidéo et de la production d'objets, d'événements et d'expériences uniques dans le jeu. Ces collaborations croisées à court terme placent les marques au sein des jeux pour une durée limitée. Epik se concentre sur le renforcement de la valeur de la marque, l'augmentation de l'engagement des fans et des joueurs, et la fourniture d'un contenu premium de premier ordre.

Ce qui rend Epik différent, c'est qu'il s'agit à la fois d'une plateforme technique NFT et de la première agence numérique au monde produisant déjà des *drop in-game* uniques valant des millions de dollars. Epik possède une expertise dans les NFT et peut s'appuyer sur son vaste réseau de clients pour produire des NFT frais et uniques entremêlant à la fois la vie réelle et les expériences numériques au sein des jeux vidéo et des applications.

Les fondateurs d'Epik ont eu l'idée que n'importe qui – n'importe où – devrait pouvoir accéder facilement à l'ensemble de sa collection d'articles numériques à travers tous ses jeux. L'Epikverse est donc le réseau de jeux, d'espaces de réalité virtuelle et de métavers qui peuvent communiquer entre eux. Cette innovation débloque des mondes numériques et ouvre la voie à l'interconnectivité et aux expériences partagées entre tous les joueurs de tous les jeux et métavers ; à terme, les développeurs souhaitent que les utilisateurs n'aient plus besoin de quitter leurs jeux et lieux préférés, car l'Epikverse fera partie de tous les endroits où ils décideront de jouer. Epik Prime est un projet de métavers qui s'est transformé en NFT. La cryptomonnaie EPIK est disponible sur PancakeSwap, Hotcoin Global, KuCoin et Huobi Global. Selon CoinMarketCap, Epik compterait plus de 300 clients dans le domaine du jeu et octroie des licences pour des objets de collection et des expériences NFT à des entreprises comme Warner Music et Universal, ce qui laisse penser qu'elle est susceptible de rebondir après la dégringolade de ces derniers mois.

Parmi les collaborations les plus récentes, citons *Asphalt 9* de Gameloft, l'un des plus grands jeux mobiles au monde, téléchargé plus d'un milliard de fois. Grâce à ce partenariat, Epik a aidé Gameloft à lancer la première incursion de la plateforme de jeux AAA dans les NFT, avec des objets de collection numériques et des NFT exclusifs du jeu de course populaire disponibles à l'achat sur la place de marché d'Epik.

Citons aussi un partenariat avec deux des principaux jeux basés sur les avatars, *Avakin Life* et *Second Life*. En outre, Epik a été choisi pour être le fournisseur officiel de NFT pour la Journée du 11 septembre et le 20e anniversaire de la Journée nationale de service du 11 septembre, et a orchestré la toute première campagne de charité multijeux pour soutenir l'organisation à but non lucratif en sensibilisant des millions d'utilisateurs dans le monde.

EPIK a été lancé l'année dernière et sa capitalisation boursière était de 5,3 millions de dollars au 24 octobre. C'est de loin la plus petite des pièces de cette liste, mais les cas d'utilisation des grandes entreprises font qu'elle mérite d'être considérée.

Le jeton EPIK Prime est un jeton d'adhésion qui est conçu pour donner aux membres des avantages tels que l'accès à des articles exclusifs, la possibilité d'enchérir sur des chutes uniques et des chances de gagner des récompenses NFT. Il est possible d'acheter des jetons EPIK sur Huobi Global, Pancakeswap et Uniswap.

Chapitre 9

Comment créer et se développer dans le métavers

« Le métavers est le terrain de jeu idéal dans lequel l'IA peut se défouler. Plus les humains s'y perdront, plus l'IA prendra le contrôle. Ça, c'est certain. »

Murat Durmus

Le point de vue des pros

Commençons ce chapitre par un premier témoignage de notre ami Loïc Claveau, journaliste pour le magazine *Génération 4* dans les années 1990. Il a ensuite travaillé pour plusieurs sociétés du secteur du jeu vidéo, notamment Sony Online, NCsoft et Riot Games. Il est aujourd'hui *chief marketing officer* chez Victoria VR, un projet de métavers qui se définit lui-même comme étant le « premier métavers réaliste au monde, sans limitations ».

> Je vois le concept de métavers comme une extension de notre monde réel. Il s'agit bien plus que d'un univers fantastique et fictionnel où l'usager cherche à se divertir. Ce facteur est définitivement important, mais là où pour moi le métavers prend tout son sens, c'est lorsqu'il permet d'aller au-delà, c'est-à-dire quand il offre la possibilité de connecter le monde réel et digital.
>
> C'est l'objectif de Victoria VR, le monde digital sur lequel nous travaillons actuellement. Notre ambition est que l'usager puisse se rendre à Victoria VR pour participer à différents types d'activité. Par exemple,

collaborer avec des collègues à travers le monde entier, passer une soirée dans une discothèque à écouter de la musique, danser et discuter avec des gens, s'amuser sur un champ de tir et concourir avec des ami·e·s, même se rendre à l'université et apprendre de nouvelles compétences. Au fil du temps, notre but est d'apporter de plus en plus d'activités touchant aux moments les plus importants de notre vie : travailler, se divertir, partager des expériences, apprendre, etc.

Pour rendre l'aventure encore plus réaliste, nous croyions que la dernière composante, probablement l'une des plus importantes, est d'explorer ce monde digital grâce à la réalité virtuelle. Si nous voulons atteindre le facteur d'immersion ultime, il faut que nos visiteurs « oublient », pour un moment, qu'ils sont ancrés dans le monde réel afin que cette expérience atteigne un autre niveau. C'est pour cette raison que Victoria VR est conçu nativement pour la réalité virtuelle. Bien sûr, c'est encore un secteur niche et, du coup, il est aussi important de créer une version de notre monde pour ceux qui ne possèdent pas d'équipement RV, mais notre cœur et notre rêve ont la réalité virtuelle comme horizon.

Nous avons eu aussi le plaisir d'échanger avec Pedro Herrera, le chef de la recherche et de l'analyse chez DappRadar. Nous lui avons demandé ce qui l'avait amené à s'intéresser au métavers et comment il envisageait son évolution dans les prochaines années, notamment en ce qui concerne les modèles économiques les plus intéressants pour les entreprises et les particuliers.

Le métavers est un concept véritablement fascinant. J'ai probablement commencé à m'y intéresser avant de savoir réellement ce que c'était. Ayant grandi dans les années 1990, avec la première itération de produits RV, comme le Virtual Boy de Nintendo et le succès de franchises de science-fiction renforçant cette idée, le concept de métavers a été introduit dans notre génération presque inconsciemment.

Au cours des décennies suivantes, nous avons passé de plus en plus de temps à l'intérieur des murs virtuels du métavers grâce à la pénétration rapide des médias sociaux et des smartphones et à la montée en popularité de jeux comme *Les Sims* ou de MMO comme *World of Warcraft* (WoW) et *Runescape*. Dans le paysage actuel des jeux, les franchises dominantes de cette industrie de 80 milliards de dollars sont principalement associées à des jeux de type métavers – *Fortnite*, *League of Legends*, *Minecraft*, *Roblox* et *Call of Duty*. Il semble naturel que nous, les milléniaux, nous

nous intéressions à ce sujet. Cependant, il y a seulement quatre ou cinq ans, tout ce qui était lié aux métavers était profondément orienté vers la technologie. Pour s'y investir, il fallait être soit un développeur ou un concepteur de jeux vidéo, soit un ingénieur essayant de construire la prochaine génération d'outils RV et RA. Lorsque je me suis impliqué dans l'espace blockchain et que j'ai compris le potentiel des technologies Web 3.0, j'ai réalisé que ce n'était qu'une question de temps pour voir les plateformes métavers mettre en œuvre la blockchain pour débloquer un nouveau paradigme.

L'avènement des métavers est inéluctable. Selon des sociétés et institutions financières de renom, dont JPM, BNY Mellon et Deloitte, le métavers deviendra une industrie de mille milliards de dollars d'ici 2030. D'autres études prévoient que nous passerons 25 à 30 % de notre temps à l'intérieur d'une réalité augmentée ou d'une réalité virtuelle dès 2025. Les modèles d'entreprises intégrant des structures sociales constitueront l'une des sections les plus importantes du métavers, comme en témoigne le dernier Meta Connect. Les espaces de loisirs et les bureaux virtuels devraient être très demandés et les grandes marques y créeront des expériences attrayantes. Cependant, dans les conditions actuelles du marché, les principaux gagnants du modèle de métavers Web 2.0 sont les entreprises.

Le métavers Web 3.0, quant à lui, profite aux utilisateurs et aux créateurs individuels. Il démocratise également l'accès à de nouvelles sources de revenus pour une population plus large. En d'autres termes, la blockchain perturbe le paradigme traditionnel du métavers en permettant l'émergence d'un nouveau modèle économique alimenté par les cryptomonnaies et les jetons non fongibles (NFT). Les citoyens du métavers Web 3.0 pourront utiliser leurs actifs numériques de multiples façons. Les terres numériques en sont l'un des principaux exemples. En fonction de la plateforme du métavers, les propriétaires de terrains pourront concevoir différents types de bâtiments numériques. Mais ces terrains pourront aussi être loués, échangés, fractionnés ou jalonnés pour gagner un revenu passif.

Le métavers de la blockchain ouvrira la voie à une nouvelle économie virtuelle qui a le potentiel d'avoir un impact profond sur notre société en générant une nouvelle vague d'opportunités traduites en emplois rémunérés à temps plein : Les gamers soutenus par des guildes de jeux blockchain sont déjà un modèle Web 3.0 réussi. YGG et Merit Circle parrainent des gamers à travers le monde. Généralement, ils viennent des marchés émergents, ce qui ajoute une autre tonalité positive au cadre. Comme le e-sports de Lol, Cod ou Wow, les gamers blockchain pourraient jouer un rôle massif dans l'avenir des e-sports. Des développeurs seront sans doute nécessaires pour écrire un contrat (intelligent), synchroniser le front et le backend, ou développer un jeu complet, les développeurs devraient être largement en demande.

Les courtiers ou investisseurs immobiliers virtuels spécialisés dans les NFT fonciers deviendront potentiellement les agents qui facilitent les locations et les ventes dans les mondes virtuels. La compréhension de toutes les variables qui affectent le plus les parcelles numériques sera probablement bien rétribuée. Les concepteurs d'espaces virtuels devraient également être largement recherchés. Des personnes offrent leurs services aux propriétaires fonciers qui n'ont pas une solide expérience de la construction numérique. Les concepteurs devraient prospérer lorsqu'ils conçoivent une construction complète ou mettent simplement la touche finale à une galerie d'art. DJ, musiciens et gestionnaires d'événements : les artistes musicaux et les interprètes spécialisés dans les événements du métavers seront très demandés. Les entrepreneurs du métavers deviendront propriétaires de boutiques, de musées ou de toute expérience qui n'a pas encore été imaginée.

Les DAO, ou organisations autonomes décentralisées, devraient devenir la norme en matière de modèles économiques au sein du métavers. Des spécialistes des DAO, des gestionnaires de communauté et de relations publiques, des conseillers juridiques et plusieurs autres postes devraient être créés à mesure que les DAO envahissent les rues du métavers. Nous sommes à un point d'inflexion de l'humanité où deux des technologies les plus perturbatrices de l'histoire vont entrer en collision. Des temps passionnants nous attendent !

En octobre 2022, lors de l'événement MegaMigs qui se déroulait à Montréal, nous avons eu le plaisir d'interviewer Sébastien Borget, le cofondateur de *The Sandbox* et Rodolphe Recca, directeur général de *The Sandbox* au Québec jusqu'en février 2023. Nous les avons bien entendu interrogés sur la création de *The Sandbox*, mais aussi sur la façon dont les utilisateurs peuvent créer du contenu et en vivre. Nous vous livrons ci-dessous des extraits choisis de cet échange.

Comment est venue l'idée de créer *The Sandbox* ?

[Sébastien] – L'idée de *The Sandbox* a commencé, au tout début, par un jeu mobile en 2012. On a toujours eu cette idée d'offrir à tous l'opportunité de devenir des créateurs de contenu et ainsi de pousser leur imagination, leur créativité, la rendre accessible à tous. Au début, nous avions développé un jeu sur lequel on utilisait les avantages des smartphones et de leurs écrans tactiles de façon que, juste au toucher, il y ait des éléments, des pixels qui naissent sous les yeux des utilisateurs et qu'ils puissent créer et partager cela. C'est devenu populaire très rapidement. Les gens ont adoré créer et partager leurs créations. Au début, c'était un de type pixel art avant que cela évolue vers la 3D, la physique et les éléments. Cela étant, on a rajouté des éléments de jeux vidéo comme des plateformes, des ennemis, etc. Les utilisateurs se sont alors mis à faire leurs propres niveaux et les partager à d'autres joueurs.

En huit ans, il y a eu près de 40 millions de téléchargements. On a annoncé une suite en 2016, qui s'appelait *The Sandbox Evolution* avec de meilleurs graphismes, un monde plus vaste. Cela dit, bien que nous ayons rendu nos utilisateurs plus créatifs, qu'ils y consacraient beaucoup de temps, ils ne restaient pas, et ça c'était très frustrant ! Au bout d'un moment, même les meilleurs créateurs, les plus talentueux, passaient à autre chose. Il fallait une motivation supplémentaire pour qu'ils restent et ce qu'on a trouvé, c'est la rémunération. Mais nous n'avons pas trouvé immédiatement comment faire, car nous n'avions pas accès aux contacts de nos utilisateurs sur l'App Store et le Google Play Store. Nous ne pouvions pas mettre en place des moyens de paiement directs.

Au bout d'un certain temps, on a commencé à s'intéresser à la blockchain pour essayer de comprendre son utilité et son fonctionnement. En étudiant le Bitcoin, notamment le minage avec le protocole de «*proof of work*», nous sommes tombés sur un le tout premier jeu sur blockchain, *CryptoKitties* et là ça a été une révélation.

Mon métier est de décortiquer, d'analyser et de benchmarker pour comprendre ce qui fait qu'un jeu a du succès. Pour *CryptoKitties*, les raisons de son succès sont simples. La première raison est que les chats virtuels, qui sont la base du jeu, n'étaient pas achetés auprès des développeurs, mais des joueurs, ce qui était alors hors du commun. À cette époque, il n'y avait aucun jeu mobile ou jeu PC qui permettait d'acheter directement des contenus aux joueurs. Pour se faire, il fallait se rendre sur OpenSea pour acheter des NFT, ce qui était fabuleux pour nous. On s'est rendu compte que tout le monde pouvait créer des NFT, les vendre, les échanger et les monétiser à volonté. Après, de fil en aiguille, on s'est dit qu'on pourrait lancer une nouvelle version de *The Sandbox*, une version 3D, multijoueur, qui utilise les NFT et qui permette de gérer ces NFT, d'en faire quelque chose de concret.

Nous avons donc continué à travailler à cette nouvelle version qui est sortie en 2017 et qui est passée d'un jeu mobile à une plateforme avec plusieurs produits : un éditeur 3D qui s'appelle VoxEdit, une carte, une marketplace – le Game Maker – et la partie Game Client. On s'est concentré d'abord sur la construction des outils pour attirer la communauté des créateurs et des artistes pour qu'ils constatent le bénéfice de créer des NTF. C'est ce qui a contribué à créer cet ADN fort qui fait aujourd'hui la réputation de *The Sandbox*.

Nous avons aujourd'hui la preuve que non seulement les gens deviennent plus créatifs, mais qu'ils peuvent en plus vivre de leur passion. Il y a des dizaines de milliers d'artistes, peut-être même davantage, qui travaillent à la production de modèles 3D en voxel. Il y a aussi, désormais, deux cents studios dans le monde qui créent des expériences pour des marques, qui recrutent et qui font vivre tout un écosystème sur *The Sandbox*.

Pensez-vous qu'aujourd'hui, au-delà du jeu vidéo, que *The Sandbox* est un espace où des gens peuvent avoir une vie virtuelle, mais aussi un métier, des revenus virtuels ? Est-ce que quelqu'un peut en vivre aujourd'hui ?

[Sébastien] – Oui, même beaucoup. Nous envisageons vraiment *The Sandbox*, et le métavers, comme un lieu très culturel. Notre fonds de commerce est le *gaming*. Ça fait un peu plus de dix ans que nous travaillons les mécaniques de jeu et la gamification. Les joueurs participent à des quêtes, progressent, touchent des récompenses. Ces expériences et tous les contenus nécessaires doivent être créés. Petit à petit, les artistes et les créateurs se sont organisés en studios qui ont des carnets de commandes pleins pour les prochains six à douze mois et qui gagnent, pour beaucoup, plusieurs millions de dollars. Des petits studios d'une à deux personnes ont recruté et, aujourd'hui, sont plutôt dix, vingt, voire davantage.

Le premier studio US qui s'est fait racheter s'appelle Landvogt, ils avaient plus de 100 employés. Nous, à *The Sandbox*, nous aidons les studios qui émergent à se développer. Il y a trois studios à Hong Kong, sept en Corée, six en France. Ainsi oui, des gens en vivent, en font leur métier. Des personnes qui n'étaient pas dans le jeu vidéo, ne savaient pas coder ou qui n'avaient pas de formation spécifique ont quand même réussi à en vivre grâce aux outils de création. Aujourd'hui, ils en vivent complètement et recrutent. Nous avons invité deux studios au Megamigs, nous faisons des conférences pour les inciter à se lancer, nous les mettons de l'avant, nous formons. D'ailleurs, il n'y a pas que des métiers de création, il y a aussi les métiers autour de l'animation en ligne et de la gestion de communauté.

Dans *The Sandbox*, il y a déjà des centaines de personnes dans le monde qui sont payés à temps partiel ou à temps plein pour être présents dans les mondes virtuels pour accueillir les utilisateurs, les guider, pour faire des animations et faire que chaque expérience soit unique et divertissante. On a des gens qui commencent à faire de la curation de contenu, c'est-à-dire qu'elles vont prendre le temps d'aller tester des activités offertes par d'autres pour faire gagner du temps aux joueurs, qu'ils puissent avoir la meilleure sélection, ou encore elles vont créer des catalogues à partir d'objets vendus par d'autres sur la marketplace, puis les packager et les revendre avec profit. On a des agents immobiliers qui aident à acheter et vendre des terrains virtuels. Il y a même eu récemment un mariage qui a été organisé à Singapour, le premier dans le métavers. Ce n'est pas encore un métier à temps plein d'être un joueur, mais nous espérons que ça le deviendra.

Comment voyez-vous *The Sandbox* dans les dix prochaines années et comment pensez-vous que le métavers va évoluer ? Est-ce qu'on va assister à un match de style VHS-Betamax où celui qui devient la norme rafle la mise ?

[Sébastien] – La technologie existe déjà et n'est pas la propriété d'une seule entreprise. *The Sandbox* n'a pas inventé la blockchain ou les NFT, mais il s'agit de l'infrastructure de base sur laquelle nous nous sommes appuyés et qui, désormais, me semble de plus en plus indissociable du futur du métavers. *The Sandbox* est un monde virtuel qui a un écosystème en croissance et qui a des atouts favorables pour réussir, mais ce n'est pas le seul acteur de ce marché. Si demain *The Sandbox* disparaît, les utilisateurs posséderont tout de même tous leurs Sands, tous leurs Lands, tous leurs assets, tous leurs avatars et pourront continuer à les utiliser ailleurs : c'est tout l'intérêt de l'usage de la blockchain. Nous ne verrons plus de communautés qui perdent tout, car l'éditeur d'un jeu éteint le serveur ou met la clé sous la porte.

[Rodolphe] – Tous les acteurs du Web 3.0 sont quelque part partenaires, d'ailleurs. Dans le Web 2, on était des compétiteurs, ce qui ne sera pas le cas dans le Web 3.0. C'est un changement de mentalité important : on travaille tous ensemble pour la construction du métaverse. Par exemple, Sébastien est également président de la BlockChain Alliance qui chapeaute les liens entre tous les acteurs du Web 3.0.

[Sébastien] – Il n'y a pas de « *winner takes all* » dans le Web 3.0, parce que la croissance de l'écosystème se construit à plusieurs. Quand cet écosystème est prospère, ça bénéficie à tous. Quand l'écosystème va mal, que des projets tombent, ça ne profite à personne, même quand Meta se fait critiquer ou fait des choses vraiment mal, ça ne nous aide pas.

Les utilisateurs créateurs de contenu : l'avenir du métavers ?

Lors du même salon Megamigs, nous avons eu la chance de rencontrer aussi trois créateurs de contenu qui étaient sur le stand *The Sandbox* pour faire des démonstrations d'outils : Kodi, Ruel et Pandapops, des utilisateurs de *The Sandbox* devenus professionnels, avec parfois un parcours atypique, mais qui démontre concrètement que, même avec une expérience limité, il est possible de créer une activité lucrative ou un business dans le métavers, et d'en vivre.

Kodi, un jeune Texan de la génération Z, a une formation de narrateur (*storyteller*) et utilise le cinéma comme moyen d'expression. Nous avons été intrigués par ce jeune homme parce qu'il nous a tendu une carte qui annonçait une *masterclass* en métavers en ces termes : « Apprenez à construire vos contenus pour le métavers *The Sandbox* avec une équipe d'artistes, de concepteurs de jeux et de *storyteller* primés. » Il nous a alors expliqué qu'il aimait créer du contenu dans *The Sandbox*, car cela ne nécessitait aucune connaissance en codage et qu'il pouvait raconter une histoire en incluant des effets spéciaux qui seraient hors de prix dans un film traditionnel. Pour lui, le métavers représente la possibilité de libérer toute sa créativité, sans frais et sans compétences techniques pointues. Nous voulions comprendre pourquoi Kodi avait choisi de créer sur un métavers ouvert. Il nous a clairement indiqué que ce qui le motivait avant tout, c'était de créer du contenu qui lui appartenait et qu'il pouvait revendre auprès du studio de jeu ou aux autres utilisateurs. En comparaison, un créateur sur Roblox n'a pas le contrôle du bien numérique créé ; il appartient à Roblox Corporation. La génération Z a grandi avec Internet et, de ce fait, elle est à l'aise avec tout ce qui a trait au numérique, tant est si bien que les biens mobiliers ou immobiliers virtuels ont presque autant d'intérêt que ceux de notre monde physique. Kodi a eu une enfance difficile, sa famille n'a jamais été propriétaire de leur maison, alors quand il a pu l'être de son domaine virtuel, il n'a pas hésité ! Le métavers lui a apporté ce qu'il n'était pas capable d'avoir dans sa vie réelle : une sorte de baume, de l'espoir, aussi intangible qu'il puisse être.

Ruel, lui aussi un enfant de la génération Z, a une formation en architecture. Ruel n'est ni un investisseur ni un fan de jeux vidéo, c'est un architecte dans l'âme. Sa raison d'être est de bâtir, de construire. Sa tête est remplie d'idées, mais dans le contexte économique tel que nous le connaissons, les projets de construction sont rares. Ruel s'est alors tourné vers le métavers pour concrétiser ses projets. Tout comme Kodi, *The Sandbox* lui a permis de créer sans devoir se perdre dans d'épais volumes de codage, avec la satisfaction rapide de voir et de partager ses œuvres avec le plus grand nombre. Son travail a suscité assez d'attention pour qu'il lance sa propre entreprise. Aujourd'hui, il travaille à plein temps comme créateur de contenu sur *The Sandbox*.

Quant à Pandapops, une Anglaise qui ne roulait pas sur l'or, mais qui aimait collectionner des objets virtuels, la route qui l'a mené dans *The Sandbox* a été différente, mais tout aussi intéressante. Pandapops a d'abord lancé une chaîne de streaming sur YouTube où elle explique comment naviguer dans le jeu NFT *Axie Infinity*. Pandapops savait dès le début que si elle investissait pour propriétaire d'une terre virtuelle, c'était pour la revendre plus tard, avec quelques bénéfices. Soucieuse de son budget, elle ne voulait pas s'investir dans l'économie d'un jeu centralisé, détenue par une entreprise privée. Quoique vous achetiez dans ces jeux, un vêtement ou autre, ces objets restent la propriété des producteurs du jeu. Lorsque sa chaîne YouTube a commencé à devenir populaire, elle est passée d'*Axie Infinity* à *The Sandbox*. Dans cet environnement, elle était désormais en mesure de passer de la reproduction à la création de nouveaux actifs numériques. Connus sous le nom de « voxel », ces actifs numériques peuvent carrément être des mondes entiers, des jeux, des expériences ou des robots 3D. Les créateurs ne sont limités que par leur imagination. Pandapops est une jeune femme déterminée qui s'est fait connaître en diffusant son savoir-faire sur la création de contenu dans le métavers, ce qui lui a valu d'être remarquée puis engagée par la société *The Sandbox* en tant que gestionnaire de communauté. Pour elle, pas d'hésitation : la création pour le métavers rapportera bientôt autant, sinon plus que n'importe quel job IRL.

Le nombre de personnes qui se tournent vers le métavers est important, chacun a ses propres raisons, mais, pour l'ensemble, c'est une échappatoire à certaines réalités économiques, environnementales, à l'instabilité de la paix mondiale, aux pandémies, à l'incertitude. La propriété numérique est devenue une option viable pour beaucoup, car elle offre un moyen de constituer un patrimoine, hors de portée de l'économie traditionnelle. En achetant des avatars, des biens et des territoires, ces jeunes sont en mesure de se créer une nouvelle vie, dans l'esprit des colons qui conquérait l'Amérique. Kodi, Ruel et Pandapops sont des pionniers, ils sont l'exemple concret que les choses changent, que l'argent gagné virtuellement peut remplir des réfrigérateurs bien réels, peut payer l'électricité et l'Internet, le minimum vital pour faire tourner son entreprise ou réaliser ses rêves.

Nous souhaitions finir ce chapitre avec un exemple concret de création de contenu sur *The Sandbox*, de façon que vous puissiez apprécier la facilité du processus. Remercions Kodi qui a eu la gentillesse de préparer ce mode d'emploi pour nous !

Création d'un actif digital : exemple d'une épée (NFT)

Étapes préliminaires

1. Téléchargez et installez VoxEdit

Avant de commencer, téléchargez et installez la dernière version de VoxEdit. Tout d'abord, rendez-vous sur le site de *The Sandbox*, Sandbox.game, et cliquez sur le bouton «Créer» dans la navigation de gauche. Assurez-vous que l'onglet «VoxEdit» est sélectionné, puis cliquez sur «Télécharger». Une fois le téléchargement du fichier terminé, décompressez-le et installez-le sur votre ordinateur.

2. Créez un compte sur The Sandbox

Pendant l'installation de VoxEdit, vous devez créer un compte *The Sandbox* (si vous n'en avez pas déjà un, bien sûr). Tout en restant sur le site Web, cliquez sur « Sign in » en haut à droite de votre écran. Dans la fenêtre qui s'affiche, choisissez la meilleure option pour vous inscrire. Une fois que votre compte est configuré, lancez le programme VoxEdit nouvellement installé et connectez-vous.

3. Créez un nouveau fichier d'actif

Vous êtes maintenant prêt à créer ! Pour commencer un actif à partir de zéro, vous pouvez utiliser les onglets « Animateur » ou « Modeleur » sur le côté gauche de l'écran. Prenons de l'avance en utilisant un design prédéfini en cliquant sur « Modèles » puis en choisissant « Lames » de façon à créer un actif d'épée.

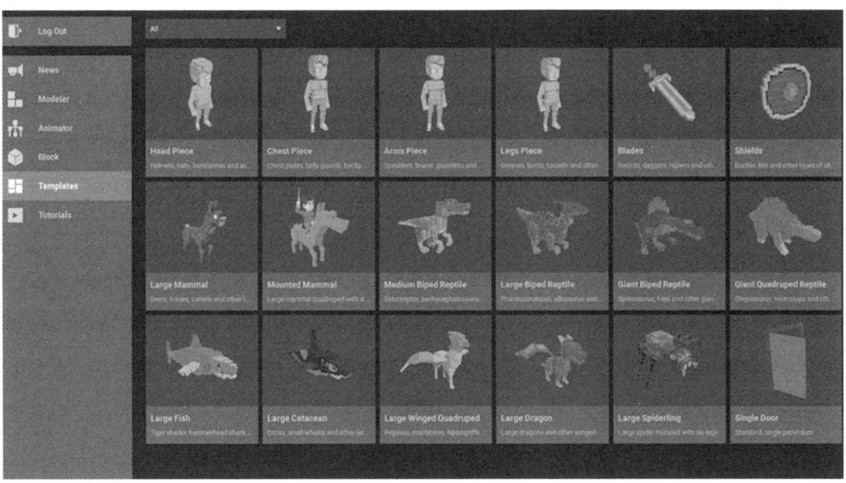

Figure 9.1 – VoxEdit : sélection de l'épée

Donnez-lui un nom et un emplacement de sauvegarde puis cliquez sur « Enregistrer ». Vous pouvez créer votre propre dossier pour retrouver plus facilement vos actifs.

4. Créer un nouvel actif

Maintenant, vous êtes prêt à personnaliser votre actif ! Sur le côté droit de l'écran se trouve le panneau de la bibliothèque qui répertorie toutes les pièces de votre actif. En cliquant sur l'icône du crayon pour chaque pièce, vous pouvez l'ouvrir dans l'éditeur.

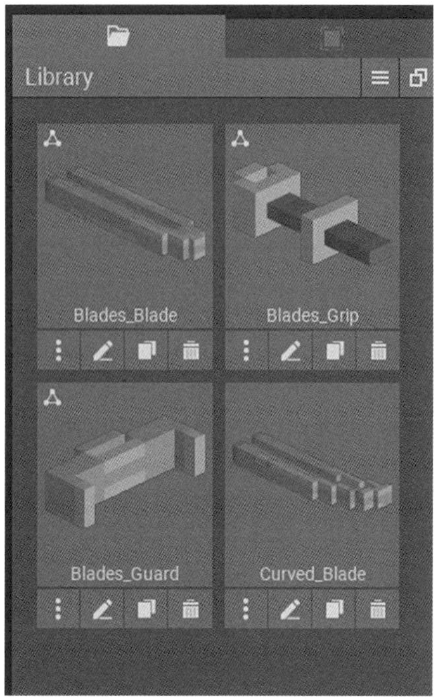

Figure 9.2 – Pièces de votre épée

Une fois ouvert, les outils de la barre d'outils de gauche peuvent vous aider à modifier la forme et les couleurs.

- « Mode de sélection » pour sélectionner les voxels.
- « Créer un mode » pour ajouter des voxels.
- « Paint Mode » pour changer la couleur des voxels.
- « Mode effacement » pour supprimer les voxels.

Après avoir modifié chaque section, cliquez sur la flèche supérieure gauche pour revenir à l'espace de travail principal.

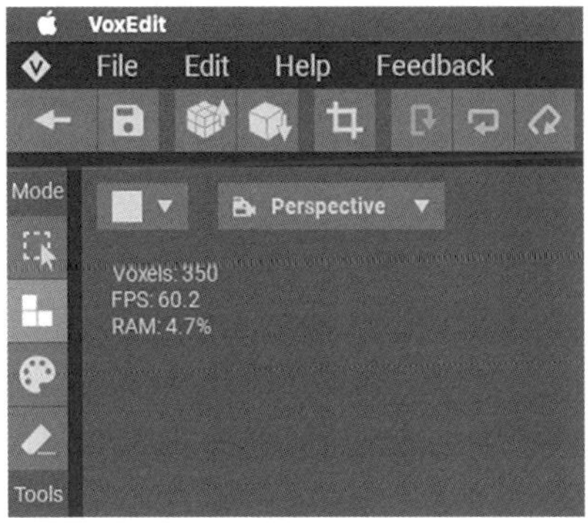

Figure 9.3 – Caractéristiques de l'épée

Cliquez sur « oui » dans la boîte qui s'affiche pour enregistrer votre progression au fur et à mesure.

Une fois que vous êtes satisfait de votre actif nouvellement conçu, vous êtes prêt à exporter vers la place de marché de *The Sandbox*.

5. Exportation des actifs

Tout d'abord, naviguez dans le menu « File » en haut à gauche de l'espace de travail pour sélectionner « Exporter » puis « Exporter vers le marché ».

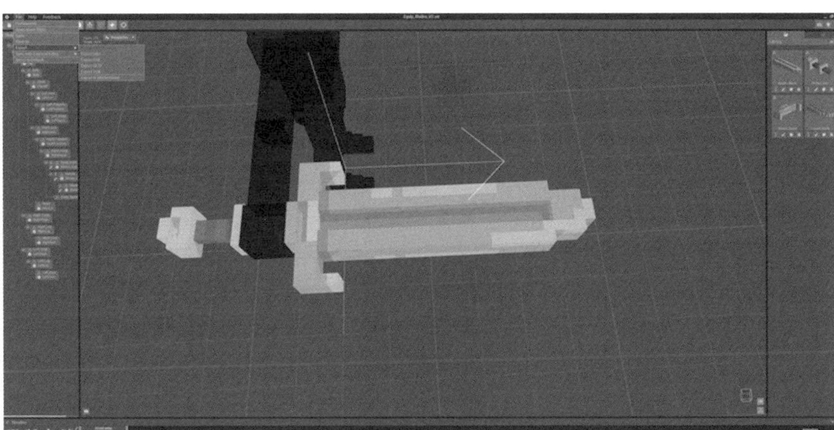

Figure 9.4 – Résultat final

La première fenêtre qui s'affiche nous invite à choisir une vignette pour notre actif. Il s'agit de l'image par défaut que tous les utilisateurs verront s'ils tombent sur cet actif sur la place de marché de l'environnement *The Sandbox*. Choisissons-en une et appuyons sur « Export ».

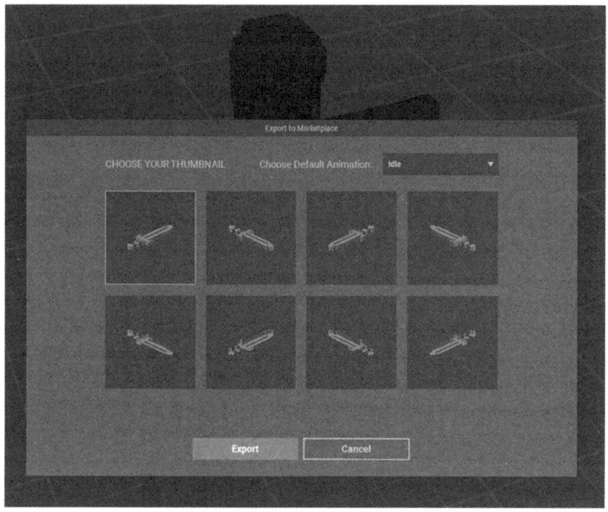

Figure 9.5 – Choix de la vignette

Cela chargera le site Web de l'environnement de test avec une autre invite (assurez-vous d'être connecté au site Web de l'environnement de test au préalable). Ici, nous devons sélectionner s'il s'agit d'un nouvel actif ou si nous remplaçons un actif précédemment téléchargé. Puisque c'est la première fois que nous téléchargeons, sélectionnons « New Asset ».

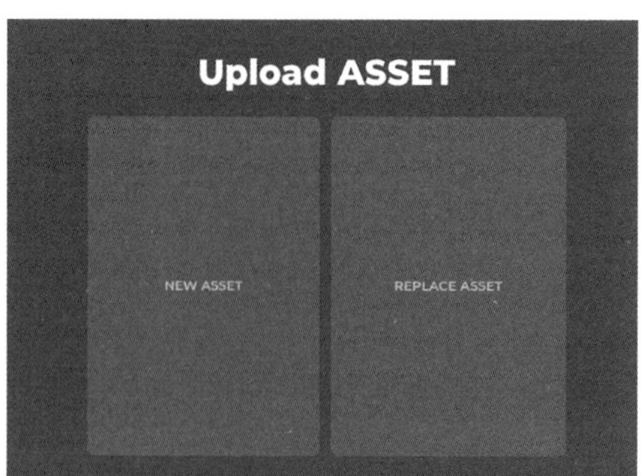

Figure 9.6 – Téléchargement

Le troisième écran demande de nommer l'actif et de fournir une brève description. Ces éléments sont importants car, avec la vignette que vous avez sélectionnée, les autres utilisateurs verront toutes ces informations sur la place de marché *The Sandbox*.

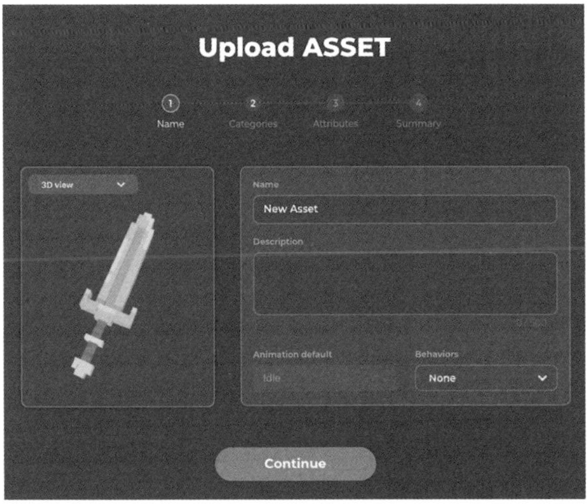

Figure 9.7 – Téléversement du NFT

Un quatrième écran s'affiche nous demandant de choisir le thème dans lequel notre nouvelle ressource pourrait s'inscrire. Cela aidera à trier et à alimenter les recherches de la place de marché *The Sandbox*.

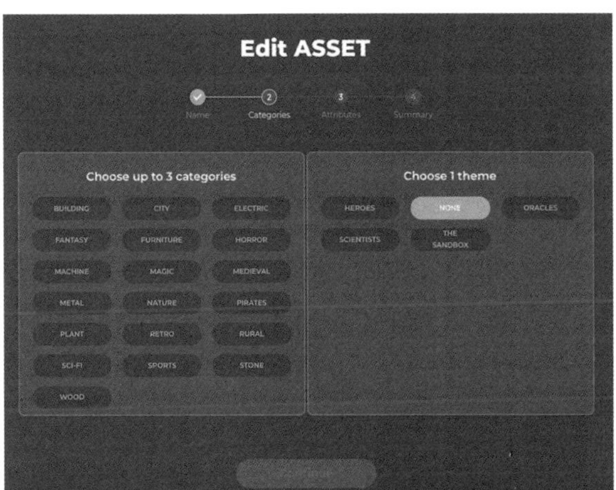

Figure 9.8 – Mode édition

Un cinquième écran va maintenant s'afficher. Si vous possédez actuellement des gemmes et des catalyseurs pour *The Sandbox*, c'est ici que vous pouvez améliorer l'actif en lui donnant un catalyseur et une ou plusieurs gemmes pour augmenter son efficacité au sein des expériences *The Sandbox* (puissance pour plus de dégâts, défense pour une meilleure santé, etc.).

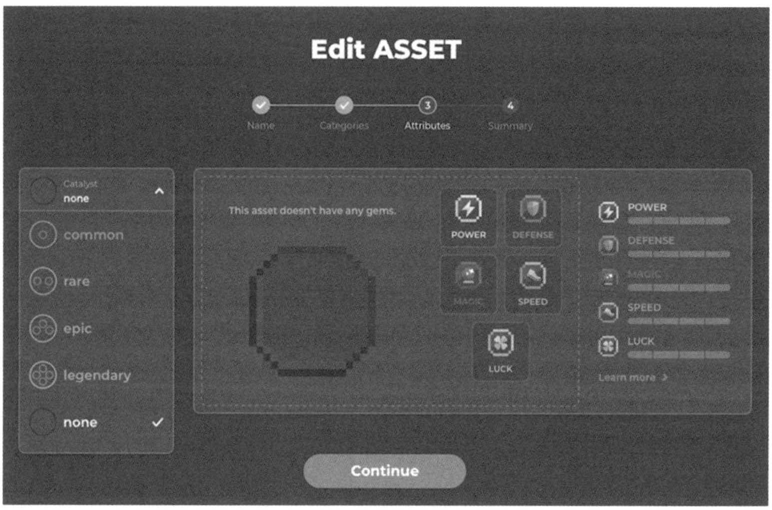

Figure 9.9 – Ajout de gemmes

Et voilà, vous venez de créer une épée sur *The Sandbox* ! Vous êtes maintenant armé pour peupler tout un univers… et en vivre.

Chapitre 10

Le métavers, une opportunité pour l'Afrique

« Le métavers est à peine né. Les possibilités de capitaliser dans ce domaine sont immenses. Impliquez-vous et apprenez-le rapidement. »

Dave Waters

Dans notre précédent ouvrage *Investir dans les cryptomonnaies comme on investit en bourse*, nous avions clôturé un chapitre en évoquant l'Afrique, un continent longtemps resté dans l'ombre des grand marchés financiers. Charles Hoskinson, le fondateur de Cardano, indiquait que l'Afrique apportera 100 millions d'utilisateurs à la finance décentralisée d'ici trois ans. Pour lui, les produits de la DeFi manquent encore d'une base significative de clients et son développement en Occident risque d'être long, en raison d'une lourde réglementation. Au contraire, les pays en développement offrent un cadre réglementaire beaucoup plus souple, qui facilite l'innovation cryptographique. « Il n'y a pas de JP Morgan Chase en Afrique, ni de grands systèmes financiers massifs hérités qui dominent et contrôlent », soulignait-t-il avant de conclure que la finance décentralisée peut « créer des liquidités pour les personnes les plus pauvres du monde et leur permettre de construire une richesse, puis de la protéger ».

Dans ce continent en pleine mutation, qu'en sera-t-il du métavers ? Nous avons, et depuis longtemps, le plaisir d'échanger avec Mohamed Zoghlami, consultant international en stratégie et développement, grand spécialiste des industries créatives en Afrique, cofondateur de l'Africa

Metaverse et cofondateur d'Afric'Up et d'Africa in Colors. Nous avons d'ailleurs eu le grand plaisir de le retrouver lors du XVIIIe Sommet de la Francophonie qui se déroulait à Djerba du 16 au 19 novembre 2022 et où nous intervenions lors de la conférence sur le métavers francophone. Mohamed Zoghlami nous a livré ci-après quelques pistes et réponses.

Les enjeux du métavers : quelles perspectives pour l'Afrique ?

Métavers, *metaverse*, méta-univers… on ne compte plus les articles, conférences, interviews sur le métavers, décrit comme le successeur d'Internet tel que nous le connaissons. Il permettrait de vivre des expériences plus immersives où la vie personnelle se déroulerait numériquement en parallèle de nos vies dans le monde physique. Un monde virtuel dans lequel le temps s'écoule, où on pourra travailler, sortir, consommer, étudier, retrouver des proches…

Présenté ainsi, ce métavers semble révolutionner nos vies. Alors, que devons-nous faire pour faire partie intégrante de ce futur, nous africains ? Comment allons-nous plonger dans ce monde virtuel ? Allons-nous oublier les tracas du quotidien, les défis qui semblent parfois des obstacles insurmontables ? Allons-nous devenir plus riche, plus heureux, davantage éduqué et en meilleure santé dans ce substitut virtuel d'une réalité africaine qui, ne nous voilons pas la face, est complexe, difficile ? Serons-nous simplement consommateur ou acteur, serons-nous associés au développement de ce monde virtuel qui va nous impacter ou devrons-nous subir sans réagir ? Serons-nous des pionniers ou des suiveurs ?

Si cette nouvelle frontière de l'humanité est une représentation virtuelle du monde réel, alors la question de la notion d'égalité se pose immédiatement. Les possibilités offertes par ces mondes numériques interactifs semblent illimitées, bornées uniquement par notre imaginaire. Si celui-ci se nourrit de notre réel, alors qu'en sera-t-il pour un Africain ? Cet imaginaire virtuel va-t-il vaincre nos difficultés ou les aggraver ?

À première vue, investir dans le métavers n'est pas gratuit, bien au contraire. Si l'on cherche à investir dans l'immobilier, la parcelle de terrain minimum sur un site comme Decentraland tournerait autour de

10 000 dollars américains. Ce prix est rédhibitoire pour une grande majorité d'individus, mais également pour les start-up et PME, voire pour la plupart des entreprises, à une rare exception, celle de l'opérateur télécom MTN qui a acheté des espaces sur Africarare, premier métavers africain. D'autant que les prix de ces biens immobiliers virtuels sont basés sur des cryptomonnaies qui fluctuent parfois de manière exponentielle, risquant de disqualifier les créateurs, acteurs sensibilisés par le métavers, et en réalité ne profitant qu'à un petit groupe d'utilisateurs privilégiés. Imaginez la réaction de certaines personnes en Afrique qui n'ont même pas de toit pour s'abriter quand on leur apprend qu'ailleurs des personnes paient des fortunes pour de l'immobilier virtuel et habiller leur avatar. Dites-leur que, dans ce monde, on peut s'acheter un Big Mac – burger virtuel sans odeur, ni matérialité – et collectionner des nuggets dématérialisés.

Une autre inégalité liée à l'accès aux technologies est le coût élevé des casques RV qui risque d'être un obstacle majeur aux expériences virtuelles actuelles, d'autant plus que de nombreuses personnes en Afrique n'ont pas accès à un Internet rapide et abordable, ni même à l'électricité. Actuellement, 600 millions de personnes vivent sans électricité et l'accès à l'énergie a encore reculé sous l'effet conjugué de la pandémie de Covid-19 et de la crise[39]. En ce qui concerne le nombre de raccordements au haut débit, l'Afrique a franchi la barre des 400 millions en 2018 (soit pratiquement vingt fois plus qu'en 2010), le taux de pénétration de la 3G et de la 4G n'atteint que 25 % en moyenne, et la couverture haut débit mobile ne dépasse pas les 70 % de la population africaine[40]. L'infrastructure numérique, le réseau, les capacités de calcul, la consommation d'énergie et le coût des matériels sont quelques-unes des limitations matérielles. Pour concrétiser la vision d'un monde virtuel centralisé et persistant, nous aurons besoin de réseaux beaucoup plus robustes avec des capacités informatiques plus puissantes.

Le montant des investissements nécessaires pour garantir un accès universel, abordable et de qualité sur l'ensemble du continent d'ici 2030 s'élève à 100 milliards de dollars selon la Banque mondiale[41]. On voit tout

---

39. International Energy Agency, « Africa Energy Outlook 2019 », rapport, novembre 2019.
40. Banque mondiale, « Garantir l'accès au haut débit pour tous en Afrique – un enjeu à 100 milliards de dollars », communiqué de presse annonçant le rapport « Connecting Africa Through Broadband », octobre 2019.
41. *Ibid.*

de suite le fossé qui se creuse quand, au même moment, Google a racheté vingt-deux entreprises, Microsoft cinquante-six et Amazon vingt-neuf. En volume, ces transactions représentent respectivement 22 milliards de dollars, 25,7 milliards de dollars et 15,7 milliards de dollars[42].

L'essor du métavers conduira sans aucun doute à davantage de production de données, amenant un risque de captation de la valeur en mettant en place un système qui attire cette richesse à l'extérieur du continent. Le problème est qu'à l'instar des autres ressources naturelles africaines, ces données, qui peuvent être monétisées, risquent de ne pas profiter aux Africains. L'Afrique risque de n'être qu'une industrie extractive au profit des Gafam et BATX… Ajouté à cela son extraordinaire réservoir d'utilisateurs de plateformes et de services, car plus de 500 millions d'Africains (sur 1,2 milliard) sont aujourd'hui connectés. C'est la raison pour laquelle l'Afrique est, et deviendra, un marché cible pour la Chine et les États-Unis.

Il est difficile de penser à des actions d'autorégulation des plateformes métavers existantes, mais, sous l'impulsion et l'influence des régulateurs occidentaux, les États africains prendront peut-être conscience de l'importance de ce phénomène et finiront par contrôler et protéger les données des utilisateurs contre une utilisation abusive à des fins lucratives. Se pose également la détermination du champ juridique : quelle organisation sera responsable du respect de la législation applicable dans le métavers, sur le continent et en dehors ? Qui assurera la confidentialité et la sécurité des données ? Qui défendra la propriété intellectuelle ? Qui définira les protocoles et les normes techniques nécessaires qui seront utilisées ? Qui aura pour tâche de résoudre le problème de l'identité numérique liée aux avatars ?

Actuellement, le métavers est essentiellement occidental et asiatique, basé sur des concepts et des univers reflétant la domination des Gafam et des BATX, avec une prédominance de personnes à la peau claire, excluant ainsi une grande partie de la population mondiale. Le métavers est à leur image, privilégiant leurs besoins, leurs envies, leurs services, leurs imaginaires. La manière dont nous allons interagir avec lui est influencée par la façon dont il est conçu, et il est façonné pour s'adapter et plaire à ceux qui auront les moyens de payer. Réussirons-nous à créer un métavers inclusif

42. Maxence Fabrion, « Microsoft, Google et Amazon ont réalisé un nombre record d'acquisitions en 2021 », Les Numériques, 25 janvier 2022.

ou reproduirons-nous les mêmes inégalités qui affectent le monde réel ? Sur certaines plateformes numériques, le racisme et le sexisme sont monnaie courante. Alors comment réguler ces comportements si même dans les réseaux sociaux actuels nous ne sommes pas arrivés à réguler ces actes ?

On constate déjà des différences de prix pour les avatars numériques basées sur la race, le sexe et la couleur de la peau – par exemple sur CryptoPunks – démentant les idéaux utopiques et égalitaires vantés par le monde étroitement connecté du crypto, de la finance décentralisée, de la blockchain et des NFT. Ces écarts de prix s'expliquant essentiellement par le manque de diversité des investisseurs, principalement « hommes et blancs », qui privilégient ces actifs de statut. Comment s'intégrer et se sentir intégré lorsqu'on ne correspond pas à cet idéal ?

Le métavers s'est créé sur une volonté plutôt enthousiasmante de liberté d'expression et de décentralisation, dans le but de rompre avec l'hypocrisie sociale et la société répressive. Mais le désenchantement commence et on constate de plus en plus de dérives racistes. Une étude de l'université américaine Nort Western a montré que les avatars blancs mettent davantage en confiance que ceux à la peau foncée. Les préjugés raciaux ont une vie tenace, même lorsqu'elle est virtuelle.

Face à cette société occidentale qui exalte le « je » au « nous », qui encense l'égo et l'individualisme comme base du métavers, il est temps de percevoir le monde avec un prisme africain, même si ce monde est virtuel, car il existe en Afrique une autre façon de penser le monde issu d'un héritage, de pratiques et de croyances proches de la nature, un monde solidaire où l'entraide et la coopération ne sont pas de vains mots.

Le métavers est au carrefour de plusieurs technologies numériques naissantes et existantes dont l'Afrique est déjà dépendante et consommatrice : elle ne peut rien imposer sur les technologies, les infrastructures. De même, la plupart des plateformes technologiques que nous utilisons ont été construites en Amérique du Nord, en Europe, en Chine. L'Afrique est aussi en retard en ce qui concerne le volume d'innovation, retard qu'il sera difficile de rattraper. L'absence de grands groupes a pour conséquence qu'aucune force, industrielle et économique, ne peut être susceptible d'impulser des stratégies et des plans d'action sur le long terme dans les domaines de l'IA, la RV et l'RA. L'IA est portée par des start-up et des associations en Afrique, parfois par des cursus universitaires.

La 3D, la RV et l'RA sont enseignées dans très peu d'écoles et institutions, et rares sont les start-up utilisant ces technologies en Afrique, alors que ces outils numériques sont essentiels pour le métavers.

Le métavers va exiger des capacités de calcul très largement supérieures à celles offertes par les ordinateurs actuels, ainsi qu'une infrastructure et des moyens économiques suffisants pour se plonger dans ce monde virtuel. Si l'Afrique veut rivaliser avec les autres continents, elle devra investir dans la R&D et les nouvelles technologies sous peine d'être exclue, entraînant un métavers de privilégiés où seuls ceux qui auront les moyens technologiques et humains pourront investir. Pour ne pas rester à l'écart, l'Afrique devra accélérer ses programmes de formation à ces métiers créatifs numériques. L'enjeu est crucial, primordial.

Si Meta et les entreprises américaines attirent les meilleures compétences, il est évident que l'Europe viendra chercher comme elle le fait déjà les talents et compétences africains, au détriment d'un secteur clé du développement du continent. Pourquoi continuer d'investir dans le capital humain si on ne peut retenir et attirer les talents qui sont un levier important pour mener les projets de métavers ? L'Afrique doit former en nombre pour tirer les bénéfices du dividende démographique lié à une forte population d'âge actif. Pour cela, elle devra multiplier par trente le nombre de centres de formations aux métiers créatifs numériques (3D, RV, RA, design architectural), à l'IA et aux technologies du Web 3.0. Or, aujourd'hui, les formations sont quasi inexistantes sur le continent.

La solution viendra certainement des universités, des institutions d'enseignement, des associations et de la société civile. Cette communauté permettra davantage de recherche et de développement, d'expérimentation et de production de contenu. En misant sur sa propre technologie, ses innovations frugales et les compétences locales portées par ses acteurs, l'Afrique peut générer une effervescence créative, démontrer sa capacité, son agilité et son savoir-faire, comme elle l'a fait durant la crise du Covid-19. Seuls le partage et la coopération de cette communauté d'acteurs pourra proposer un projet qui incarne une approche sociétale, inclusive, créative à opposer à une vision consumériste du métavers.

Il ne faut pas oublier qu'une partie du métavers est bâti sur des technologies énergivores, telles que l'intelligence artificielle ou la blockchain, contribuant un peu plus au réchauffement climatique dont les premières victimes sont souvent les pays les plus pauvres, notamment en Afrique. C'est en cela que réside une autre discrimination de cette course à l'Internet du futur. Il est étonnant que très peu d'entreprises *high tech* semblent se soucier de l'impact écologique d'un tel pari technologique. En effet, si l'inquiétude autour du réchauffement climatique place le développement durable en tête des priorités des stratégies des entreprises, l'augmentation significative en matière de stockage de données dues au métavers risque d'anéantir les objectifs de durabilité.

Les conséquences du changement climatique sont durement ressenties en Afrique qui connaît sécheresses, températures plus chaudes, inondations et même invasion de criquets pèlerins, sans parler de la persistance de maladies comme le paludisme. Le pire est à venir sur la sécurité alimentaire, l'économie et la santé du continent. Le déploiement à grande échelle du métavers nécessitera des infrastructures et des technologies adaptées risquant d'accentuer donc la dégradation de l'environnement, se révélant une source supplémentaire de pollution. Ce n'est pas parce que le virtuel semble immatériel qu'il n'a pas d'impact.

Faire vivre cet univers virtuel va nécessiter de produire de nouveaux serveurs, ordinateurs et casques de réalité virtuelle, augmentant la demande en métaux et en terres rares, majoritairement extraits d'Afrique. Or, les Africains ne profitent pas de cette richesse : ce sont les grandes entreprises extérieures au continent.

Ce qui interpelle dans le métavers, c'est qu'en voulant offrir à leurs utilisateurs la possibilité de s'affranchir des pesanteurs quotidiennes et voyager dans ces mondes virtuels, les géants de la tech ont construit des « réserves pour riches ». Les pauvres d'Afrique, qui ne sont pas pollueurs, à l'empreinte carbone très faible, subissent de plein fouet les effets de la pollution des pays industrialisés, de la Chine, de l'Inde, ou d'ailleurs. Cela donne le sentiment d'un métavers de classe. Il est tout de même étonnant qu'aujourd'hui certains sont convaincus que ce monde meilleur n'est possible qu'en mode virtuel.

Un jeunesse technophile et créative

Ces remarques et ces questions sur les conséquences et les enjeux du métavers pour l'Afrique ne doivent pas laisser penser que le continent sous-estime la portée de cet Internet du futur. Les start-up, les associations, les écoles et universités, mais surtout les jeunes geek passionnés et connectés, avancent lentement leurs pions dans ces mondes virtuels. Cette jeunesse est décomplexée, *digital native*, connectée au monde ; elle est et sera une force de proposition dans un XXIe siècle à réinventer. Durant la crise du Covid-19, elle a largement démontré sa capacité d'innovation et de résilience. Technophile et inventive, elle se prépare avec quelques start-up à relever le défi du métavers africain.

Un métavers se nourrit de technologies et de contenus… et l'Afrique en regorge. Elle est une mosaïque culturelle de 54 pays et plus de 3000 langues et cultures différentes ; le paysage socioculturel du continent est incomparablement riche et varié. Elle connaît une révolution culturelle exceptionnelle à travers la mode, le cinéma, les arts visuels, le patrimoine, les médias, le design, les jeux vidéo, l'animation, le divertissement, la musique, la littérature… Les talents, la créativité sont là.

Kashifu Inuwa Abdullahi, directeur général de l'Agence nationale de développement des technologies de l'information (NITDA) du Nigéria, en est convaincu. Pour lui, la construction du métavers va être essentiellement motivée par la créativité et les créateurs de contenu. Souhaitant placer le Nigéria en leader de l'industrie créative et des technologies émergentes, le gouvernement s'est associé à Africa Creative Market pour identifier et former les jeunes talents du secteur.

Une étude récente réalisée pour Meta par le cabinet de conseil économique indépendant Analysis Group estime que si l'adoption du métavers commençait aujourd'hui et se développait à la même vitesse que la technologie mobile en Afrique subsaharienne, elle pourrait être associée à une contribution de 1,8 % au PIB régional dans les dix prochaines années, soit 40 milliards de dollars d'ici 2031[43].

Bien que ces chiffres semblent difficiles à atteindre au vu de la situation de crise que connaît l'Afrique actuellement, on constate que les start-up et les innovateurs africains commencent d'ores et déjà à bâtir les bases de cet avenir commun avec une volonté de diffuser un nouveau *storytelling*, sortir des stéréotypes et de la représentation négative,

43. « Le Metaverse ouvrira de nouvelles opportunités pour l'Afrique – Et pour le monde », *Africamag*, 29 septembre 2022.

en créant un ou des métavers(s) « made in Africa ». Cette opportunité, plusieurs acteurs du continent et de la diaspora vont la saisir :

- Après avoir remporté une subvention de 40 000 dollars américains, la société nigériane Thrill Digital, fondée par Delz Erinle et l'artiste Niyi Okeowo, utilise la réalité augmentée, la réalité virtuelle, la cryptographie et les jeux pour créer un métavers de la mode.
- De même, African Digital Art Network a créé la marketplace NFT Nandi afin de mettre en lumière les œuvres des artistes africains, choisissant la blockchain Celo pour déployer son projet tout en prévoyant de lancer une collection de 10 000 NFT Nandi Cowry.
- Fondé par un artiste nigérian primé aux Grammy Awards, African Valuables Collective (AVC) a annoncé le lancement de sa plateforme pour aider les créateurs de contenu à créer et à vendre des jetons non fongibles (NFT).
- Chivas Regal et le musicien nigérian BNXN ont organisé la toute première soirée musicale par un artiste africain dans le métavers. Présenté comme le premier et unique lieu de rencontre du métavers en Afrique, SodaWorld a obtenu un premier investissement mondial de la part d'une prestigieuse société suisse de capital-risque CV VC. La plateforme virtuelle SodaWorld, qui figurait dans le programme de réalité virtuelle de la Biennale de Venise, a organisé une exposition culturelle, mais aussi des concerts virtuels avec des artistes et DJ africains durant cet événement.
- L'entreprise kényane Black Rhino VR, entreprise de production de réalité virtuelle située à Nairobi, crée des solutions et des contenus RV et RA sur mesure, adaptables et pertinents pour le marché africain et international.
- IndiGG a annoncé sa collaboration avec le métavers Magna (MVM) pour promouvoir les jeux basés sur la blockchain en Afrique et dans le sous-continent indien. Grâce à ce partenariat, les joueurs des deux communautés peuvent partager les ressources du jeu.
- Africarare, le premier métavers africain, abrite un espace numérique aux racines africaines, a lancé et vendu sa première collection d'art en octobre 2021. La première collection NFT de 52 pièces numériques de l'artiste Norman Catherine a rapporté 53 000 dollars américains.

Pour profiter des opportunités de NFT, les artistes africains créent des communautés pour se soutenir et se promouvoir mutuellement, telles que

Art Support System, Africa NFT Community, Black NFT Art, Network of African NFT Artists, Afro Future DAO, Kenyan NFT Club, Nigeria NFT Community, Zulu Inu. En Tunisie, un écosystème s'est créé autour de 3D Netinfo, l'une des rares écoles de formation aux métiers du codage créatif en Afrique, et de l'incubateur TICDCE, pour promouvoir et accompagner la communauté des jeunes passionnés par cet environnement immersif. Plusieurs événements ont été organisés autour du métavers : META en partenariat avec CEED Tunisie en février 2022 ; le DigiArt Living Lab, en partenariat avec le TICDCE et l'Institut français sur les enjeux socioéconomiques en mars ; IT Business School sous le thème « Métavers et Intelligence artificielle : mythes ou réalité pour l'entreprise ? » en mars ; le TICDCE sur « l'économie créative à l'ère du métavers, une révolution génératrice d'opportunités » en avril. Aussi, 3D Netinfo a réuni en trois jours plus 3600 personnes de 27 pays africains pour le premier Africa Metaverse Summit en juin, et en novembre se tiendra le Tunisia Metaverse Summit.

Ces communautés interagissent, elles servent d'espace de promotion, d'interconnexion et de collaboration ; on y partage des idées, des ressources, des cocréations et des défis ; on y organise des événements en ligne et hybrides, axés sur la narration, la promotion de l'art et l'aide aux artistes émergents. Ces communautés incarnent ce sentiment d'appartenance et d'unicité africaine menant à la coopération et au partage. Alors, pourquoi ne pas les transposer dans le virtuel, dans le métavers ? Seule l'union permettra de construire un métavers inclusif pour l'Afrique, réduisant la fracture numérique et assurera une représentation équitable de toutes les populations et cultures du continent.

Une communauté se forme autour d'une idée ou d'un intérêt et par l'engagement et la collaboration de tous. C'est « la communauté d'abord » et Afropolitan le démontre avec ses 10 000 personnes abonnées à ce jour. Le projet Afropolitan développé par Emole, un Nigérian vivant aux USA, déclare résoudre les problèmes du monde réel, dont l'inégalité et la mauvaise gouvernance, et ce grâce une nation virtuelle. Afropolitan a déclaré avoir levé 2,1 millions de dollars pour aider à développer l'État numérique.

Des start-up essayent de tirer parti du potentiel des technologies afin d'offrir un service de tourisme digital mêlant la reconstitution 3D de sites culturels et historiques et la création de musées interactifs en 3D sur le métavers. Avec cette volonté de se réapproprier son identité et ses valeurs, ces acteurs numériques veulent promouvoir un nouveau *storytelling*, loin des clichés de « misérabilisme africain » :

- Idiat Shiole, créatrice de mode 3D indépendante, a développé le premier métavers de mode. Sa collection s'inspire de l'histoire et de la culture africaines, des imprimés traditionnels, du mystique et des mouvements qui autonomisent les femmes.
- Aferverse, un métavers camerounais, met en valeur les étoiles du football africain tout en s'inspirant des contes, des légendes, des mythes qui entourent les équipes nationales du continent. Sport, magie, patrimoine sont les éléments de cette marketplace.
- L'Africa Metaverse Museum est centré sur le développement d'expériences pour les Africains et la diaspora. Ses promoteurs, un groupe d'investisseurs africains, l'ont bâti sur Decentraland afin de créer des galeries virtuelles et un marché NFT pour les artistes africains.
- Victor Rivera, collectionneur et grand spécialiste de l'art africain, président de Fine African Art, a cofondé Theartistcollective.io et Africanartnfts.com qui façonnent à leurs manières le récit culturel et humain en utilisant des méthodes immersives et innovantes de préservation du patrimoine pour valoriser l'art spirituel africain dans le métavers.
- L'African Digital Art Network a lancé le marché NFT Nandi, afin de construire un écosystème qui peut « aider les marques et les créateurs à être payés », selon les mots du cofondateur Chinedu Enekwe.
- AjeVerse est un métavers fonctionnant sur la Binance Smart Chain dont l'objectif est de permettre aux utilisateurs de créer, d'explorer, d'échanger et de transférer des NFT.

Les artistes africains voient le potentiel de l'actif cryptographique et utilisent les médias tels que OpenSea, Foundation, Super Rare, Mintable et Wax pour diffuser leurs œuvres et partager leurs idées, avec toujours cet objectif de représenter la vitalité, la diversité, la créativité et la liberté de l'Afrique. Si les NFT donnent une opportunité unique aux artistes et créateurs africains de vendre directement aux acheteurs, éliminant ainsi les intermédiaires, elles donnent la possibilité de faire émerger un marché de l'art radicalement nouveau, une économie de la création enfin au service des artistes.

Afrique et cryptomonnaies

Un autre facteur est également à prendre en compte si l'on veut comprendre l'écosystème du métavers africain : il s'agit de l'adoption rapide des cryptomonnaies, de la blockchain et du Web 3.0. Une étude de Chainalysis[44], une plateforme de données blockchain, a révélé que l'Afrique était non seulement la troisième économie de cryptomonnaie à la croissance la plus rapide au monde en 2021, mais qu'elle était en tête en matière de part du volume global de transactions cryptographiques provenant de *peer-to-peer*. Aujourd'hui, le deuxième plus grand marché du bitcoin se trouve au Nigéria et l'un des cinq pays dotés d'une monnaie numérique nationale.

L'Afrique sera sans aucun doute le prochain terrain de jeu pour les cryptos. Les échanges et les portefeuilles qui permettent aux utilisateurs d'acheter et de vendre des cryptomonnaies ont connu une augmentation de leurs collectes de fonds. VALR (50 millions de dollars en série B), Cowrie Exchange, Yellow Card, VIBRA (Africa Blockchain Lab), Busha, OVEX, Ejara, Bitmama et Revix symbolisent cet enthousiasme.

Binance a lancé un programme d'éducation de la blockchain en Afrique, plus de 400 000 Africains auraient reçu une formation de base sur les cryptomonnaies à travers ce programme. Le fonds Old Fashion Research (OFR), doté de 100 millions de dollars pour pousser l'adoption de la cryptographie en Amérique latine et en Afrique, se concentrera sur le métavers. FTX, une bourse de cryptomonnaies, a annoncé la conclusion d'un accord de partenariat avec l'entreprise fintech africaine AZA Finance, pour « développer l'adoption du Web 3.0 et des devises numériques en Afrique[45] ».

KuCoin Labs, la branche d'investissement de KuCoin qui est une bourse mondiale de cryptomonnaies, a annoncé le lancement du « KuCoin métavers Fund », un fonds de 100 millions de dollars qui sera engagé pour soutenir et incuber des projets à un stade précoce portant sur le métavers, le GameFi, les NFT, les infrastructures décentralisées, entre autres, dans les marchés émergents comme l'Afrique et l'Amérique du Sud. Comme on peut le constater, les principaux réseaux de blockchain annoncent chaque

44. « En Afrique, l'explosion de l'adoption crypto de masse », Le Journal du coin, 21 septembre 2021.
45. « FTX sur tous les continents – Aza Finance ouvre les portes de l'Afrique au géant crypto », Le Journal du coin, 21 mars 2022.

jour de nouvelles initiatives axées sur l'Afrique. Ethereum, Cardano, Stellar, Celo et d'autres semblent activement se battre pour se positionner dans la course. Leur but est de construire et façonner l'économie émergente du Web 3.0, du métavers en Afrique.

Cette ébullition atteint l'écosystème start-up du continent comme la start-up Jambo de RDC qui a levé 30 millions de dollars pour faciliter l'accès à la technologie blockchain en Afrique et démocratiser la crypto. Metaverse Magna (MVM), une plateforme de jeu blockchain, a quant à elle levé 3,2 millions de dollars pour construire le plus grand DAO de jeux d'Afrique et offrir aux joueurs un accès à des opportunités de classe mondiale. De même, Qurious Labs, un studio de capital-risque égyptien axé sur le Web 3.0, a levé des fonds auprès d'Openner. Qurious Labs propose de soutenir des entrepreneurs dans la région MENA qui créent des sociétés Web 3.0 qui utilisent la blockchain, les monnaies numériques, les NFT et les jeux pour explorer le métavers.

Un métavers et une cryptomonnaie, dénommée AgriSmartChain, destinés aux acteurs du secteur agricole et de l'élevage en Afrique, mais aussi aux investisseurs, a été mis au point en vue de faciliter les transactions dans ces secteurs. À travers ce système de *trading*, la plateforme virtuelle donne la possibilité à quiconque d'investir dans une ou plusieurs exploitations agricoles, sans pour autant être un expert en la matière, a expliqué l'entrepreneur Marouane Jebbar, PDG de Côte d'Ivoire Drone, initiateur de ce projet basé à Abidjan.

Compte tenu de l'état actuel des choses et du rythme de l'innovation à travers le continent, il est clair que l'avenir du Web 3.0 et du métavers en Afrique semble prometteur. Mais l'Afrique devra déployer rapidement des programmes autour de la formation des talents, des financements de l'écosystème des start-up et des équipements, investir dans les infrastructures énergétiques et de télécommunications. Elle devra aussi répondre par un arsenal législatif aux questions de régulation de cet univers sans frontière, à l'enjeu de protection des données personnelles et de souveraineté numérique.

Soyons réaliste, l'économie numérique actuelle est dominée par les États-Unis et la Chine. Ces deux pays représentent près de 90 % du numérique à l'échelle mondiale. En comparaison, l'Afrique ne représente que 1,3 % et l'Europe environ 3,7 %. Avec l'avènement du métavers et du Web 3.0, la question aujourd'hui est de savoir quel rôle jouera l'Afrique.

Difficile de le prévoir quand on voit le peu d'implication des États et institutions africaines, à part quelques pays actifs tels le Nigéria, l'Afrique du Sud, le Kenya, l'Égypte et la Tunisie.

Paradoxalement, c'est la société Meta qui semble croire le plus au potentiel de l'Afrique. Meta a déployé son Fonds pour la recherche et les programmes XR de 50 millions de dollars sur deux ans pour construire le métavers, ce qui comprend le financement de son programme Future Africa: Telling Stories, Building Worlds afin de soutenir les créateurs et les innovateurs à travers le AR/VR African Metathon, le hackathon de la réalité virtuelle et augmentée.

L'Afrique regorge de talents créatifs. Elle doit capitaliser sur cette dynamique technologique afin de jouer un rôle important dans l'élaboration et la construction d'un métavers africain. L'Afrique doit se réaliser, bâtir un métavers qui lui ressemble pour défendre ses imaginaires, s'approprier ce monde virtuel, pour promouvoir, défendre sa culture, son histoire. Pour la jeune génération créative africaine ou issue de la diaspora, le continent ne représente plus uniquement la terre des origines, mais celle des opportunités. Nous devons accompagner ces acteurs et entrepreneurs, afin d'avoir une stratégie de formation et de déploiement de ces métiers créatifs qui vont du moins qualifiés aux plus qualifiés.

C'est pourquoi 3D Netinfo, école de formation en Tunisie et ses partenaires (Epic Games, Autodesk, Nvidia, la Fondation Tezos, Binance), ont lancé depuis octobre 2022 la première académie africaine du métavers afin de former gratuitement plus de 300 jeunes et femmes aux métiers du métavers dans plus de 19 pays africains. À travers l'Africa Metaverse Academy, les organisateurs veulent démontrer que l'Afrique n'est pas en retard et qu'il existe de nombreux projets en cours pour convaincre les Africains de la nécessité de saisir ensemble les opportunités que leur offre le métavers.

L'Afrique a une richesse à apporter au débat sur l'usage de ces nouvelles technologies immersives qui façonnent chaque jour un peu plus notre vivre ensemble. Elle a la jeunesse, le potentiel et les talents : à elle de les faire fructifier. Qui sait si l'Afrique ne sera pas un futur acteur incontournable du métavers ?

Conclusion

Et ensuite ?
Le futur du métavers

« Ce qui est inévitable, ce n'est pas la mort, mais le changement. Le changement est la seule réalité qui perdure. Le métavers évolue, de manière fractale et pour toujours. Les saints deviennent des pécheurs, les pécheurs deviennent des saints. La poussière devient des hommes, les hommes deviennent des dieux, les dieux deviennent de la poussière. »

Robert Charles Wilson

L'avènement du métavers pourrait être un tournant de la société humaine où l'identité et les actifs numériques deviennent plus significatifs que leurs équivalents physiques. Comme le fait remarquer Koji, une start-up spécialisée dans le métavers, notre transition vers celui-ci représente un changement socioéconomique, conséquence de la technologie et de la connectivité. En tant qu'êtres humains, nous accordons de la valeur aux objets et aux expériences, et nous vivons dans un monde et à une époque où ces objets se sont vu attribuer davantage de valeur par la société. Le métavers marque le moment où les actifs, les expériences et les relations numériques se voient attribuer une valeur encore plus grande que notre environnement physique.

Le métavers est devenu particulièrement populaire dans certains pays en développement, car pour les joueurs de ces pays, le revenu qu'ils peuvent gagner dans le monde numérique est bien plus important que ce que leur économie physique peut leur offrir. Ainsi, pour de nombreuses personnes, la transition vers un meilleur avenir vient peut-être de commencer.

Dans les pays riches, le métavers est également synonyme de retombées économiques prometteuses. Par exemple, en septembre 2022, la Dubai Metaverse Assembly, qui s'est déroulée sur deux jours aux Émirats arabes unis, a réuni plus de trois cents experts pour discuter des opportunités offertes par l'environnement virtuel. La stratégie de Dubaï en matière de métavers vise à créer quarante mille emplois et à apporter plus de quatre milliards d'euros à l'économie de l'émirat au cours des cinq prochaines années.

Pour faciliter l'immersion des personnes dans son univers virtuel, le métavers devra faire appel à de nouvelles technologies qui vont susciter de nouvelles innovations et créer de nouveaux marchés. Une de ces innovations est par exemple celle d'OVR Technology, une entreprise qui a présenté lors du CES 2023 un casque de réalité virtuelle permettant d'accueillir huit arômes pouvant être mélangés afin de créer diverses senteurs. Selon Aaron Wisniewski, son PDG, cette innovation sensorielle sera bientôt un incontournable pour les immersions dans le métavers. Outre ce casque, d'autres technologies sensorielles, dites haptiques, sont en cours de développement. Elles permettront à un utilisateur de ressentir ou d'interagir avec des objets physiques ou d'autres avatars, comme le projet de la start-up FireFlare Games et son application de rencontres RV appelée « Planet Theta » qui permettra à ses utilisateurs davantage de sensations lors de rencontres virtuelles. D'autres projets visent le développement de vestes ou de gants haptiques qui pourront reproduire la sensation de l'action ou celles du toucher. Une autre entreprise, la société Razer, spécialisée dans le matériel de jeu, a présenté lors du CES 2023 le premier coussin de tête audio et haptique au monde, baptisé « Project Carol », qui permettra aux joueurs de sentir tout ce qui se trouve derrière eux, les plaçant ainsi au cœur de l'action. Ces projets ne sont que certaines des innovations qui viendront bouleverser notre expérience du monde virtuel et, en vérité, les frontières entre les mondes physiques et virtuels.

L'intelligence artificielle générative viendra elle aussi bousculer les limites du métavers : elle nous permet d'imaginer des expériences incroyables, des immersions totales dans des univers avec les protagonistes de notre choix. Comme avec ChatGPT ou MidJourney, imaginons un outil qui nous permettra de vivre des expériences hors du commun avec des héros tels qu'Indiana Jones ou encore avec nos acteurs préférés.

Nous voici propulsés dans un métavers calibré selon nos souhaits, dans lequel nous vivrons des aventures partiellement scénarisées avec nos objets NFT.

Pour paraphraser le roman *Le Matin des magiciens* de Louis Pauwels et Jacques Bergier, nous pourrions conclure en disant que le métavers n'est pas un jeu vidéo, quoique l'intention soit ludique. Il n'appartient plus à la science-fiction, quoiqu'on y côtoie encore des mythes qui alimentent ce genre. Il n'est pas une collection de faits bizarres, quoique l'Ange du bizarre s'y trouve à son aise. Il n'est pas non plus une contribution scientifique, le véhicule d'un enseignement inconnu, un témoignage, un documentaire ou une affabulation. Il est le produit, parfois légendaire et parfois exact, d'un premier voyage dans des domaines de la connaissance virtuelle à peine explorés.

M81148 - (I) - OSB 80 - KEP - DNN
Imprimerie CHIRAT - 42540 Saint-Just-la-Pendue

Dépôt légal : mars 2023

Imprimé en France